Ein Schatz an Märchen

EIN SCHATZ AN MÄRCHEN

Illustrationen von Annie-Claude Martin

TRANSEDITION BOOKS

Eine Exklusivherausgabe von DS-MAX
250 Granton Drive
Richmond Hill, ON L4B 1H7

Französische Herausgabe
© 1988 Éditions Nathan, Paris, France
　　　　Le grand livre des contes
© 1990 Éditions Nathan, Paris, France
　　　　Grands contes merveilleux
© 1987 Éditions Nathan, Paris, France
　　　　Grands contes célèbres
Herausgegeben von Éditions Nathan, Paris

Illustration von Annie-Claude Martin

Englische Herausgabe
© 1994 Transedition Books,
eine Tochtergesellschaft der Andromeda Oxford Limited.

Alle Rechte vorbehalten. Kein Teil dieser Veröffentlichung darf ohne vorherige schriftliche Genehmigung des Herausgebers und der Inhaber von Urheberrechten reproduziert, in einem System gespeichert, oder in irgendeiner Form oder auf irgendeine Weise, sei es elektronisch, mechanisch, durch Fotokopieren, Bandaufnahme oder auch anderweitig genutzt werden.

Diese Herausgabe wurde 1994 in den USA von Transedition Books veröffentlicht, einer Tochtergesellschaft der Andromeda Oxford Limited, 11–15 The Vineyard, Abingdon, Oxfordshire OX14 3PX, England.

Gedruckt in den USA von Courier Companies Inc.

ISBN 1-55185-592-5

INHALT

Rotkäppchen
Brüder Grimm
9

Schneeweißchen und Rosenrot
Brüder Grimm
17

Hänsel und Gretel
Brüder Grimm
37

Das kleine Mädchen und die Streichhölzer
Hans Christian Andersen
61

Der gestiefelte Kater
Christian Perrault
71

Ende gut alles gut
Hans Christian Andersen
85

Die Prinzessin auf der Erbse
Hans Christian Andersen
105

Die Schöne und das Biest
Mme Leprince de Beaumont
109

Des Kaisers neue Kleider
Hans Christian Andersen
135

Rumpelstilzchen
Brüder Grimm
149

Jorinde und Joringel
Brüder Grimm
161

Aschenputtel
Christian Perrault
171

Reineke Fuchs und die Fischer
eine Begebenheit über Reineke Fuchs als Märchen
189

Rapunzel
Brüder Grimm
195

Alibaba und die vierzig Räuber
ein Märchen aus Tausend-und-einer-Nacht
209

Das tapfere Schneiderlein
Brüder Grimm
231

Der Däumling
Brüder Grimm
255

Aladin und die Wunderlampe
ein Märchen aus Tausend-und-einer-Nacht
273

Der Feuervogel
ein russisches Volksmärchen
311

Richard Wuschelkopf
Christian Perrault
333

Schöne Vassillissa
ein russisches Volksmärchen
353

Die Sieben-Meilen-Stiefel
Christian Perrault
377

(alle Märchen wurden nacherzählt)

Rotkäppchen

Es war einmal ein kleines Dorfmädchen. Sie war die Schönste von allen, die du je gesehen hast. Ihre Mutter hatte sie von ganzem Herzen lieb. Ebenso ihre Großmutter, die ihr einmal ein kleines rotes Käppchen anfertigte. Es stand ihr so gut, daß sie jeder Rotkäppchen nannte.

Eines Tages sprach die Mutter zu ihr: „Deine Großmutter fühlt sich nicht wohl. Wie wäre es, du besuchst sie - und nimmst ihr Kekse und ein Glas hausgemachte Marmelade mit."

Rotkäppchen machte sich sofort auf den Weg, um

ihre Großmutter im Nachbarort zu besuchen. Als Rotkäppchen durch den Wald ging, traf sie einen Wolf. Er hätte sie eigentlich gerne auf der Stelle verschlungen, wagte es aber nicht, weil einige Holzfäller in der Nähe im Wald beschäftigt waren. Deshalb tat er, als ob er freundlich sei, und fragte sie, wohin sie gehen würde.

Das arme Mädchen wußte nicht, daß es gefährlich war, mit dem Wolf zu sprechen. Ahnungslos sagte sie zu ihm: „Ich bin auf dem Weg, meine Großmutter zu sehen, und bringe ihr Kekse und ein Glas Marmelade, die meine Mutter für sie gemacht hat."

„Wohnt sie weit weg?" fragte der Wolf.

„Oh ja", antwortete Rotkäppchen, „ihr Haus ist jenseits der Mühle beim ersten Haus des Dorfes."

„Gut", sagte der Wolf, „ich möchte sie auch besuchen. Ich nehme diesen Weg und du kannst den anderen Weg gehen. Und wir werden sehen, wer zuerst ankommt."

Der Wolf wählte den kürzeren Weg und rannte so schnell, wie er konnte. Unterdessen ging das Mädchen den anderen und längeren Weg. Sie vertrieb sich die Zeit, indem sie Nüsse sammelte, hinter Schmetterlingen herlief und kleine Sträußchen Blumen pflückte.

Der Wolf brauchte nicht lange, das Haus der

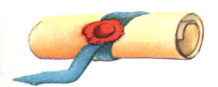

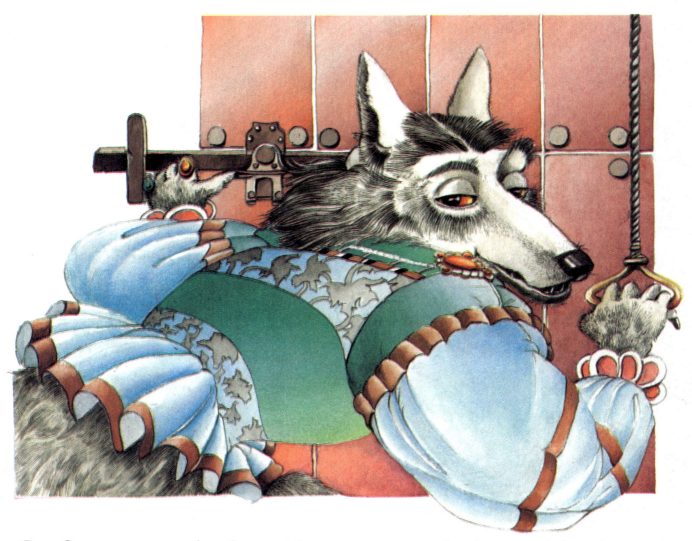

Großmutter zu finden. Als er es erreicht hatte, klopfte er gleich an die Tür - tapp, tapp.

„Wer ist da?" fragte eine Stimme von drinnen.

„Es ist deine Enkeltochter, Rotkäppchen," sprach der Wolf, der seine Stimme verstellt hatte. „Ich habe dir Kekse und ein Glas hausgemachte Marmelade von meiner Mutter gebracht."

Die Großmutter, die im Bett lag, rief: „Öffne die Tür und komm herein."

Der Wolf öffnete die Tür und kam herein. Sofort sprang er auf das Bett und fraß die arme Frau in weniger als einer Sekunde auf! Dann machte er die Tür zu, legte sich in das Bett der Großmutter und wartete auf Rotkäppchen.

Wenig später klopfte sie an die Tür. Tapp, tapp.

„Wer ist da?" fragte der Wolf mit seiner rauhen Stimme.

Als sie die Stimme hörte, fürchtete sich Rotkäppchen zuerst ein wenig. Aber dann fiel ihr ein, daß ihre Großmutter krank war und so antwortete sie: „Es ist deine Enkeltochter Rotkäppchen. Ich bringe dir Kekse und Marmelade, die meine Mutter für dich gemacht hat."

Der Wolf sprach mit sanfter Stimme: „Öffne die Tür und komm herein."

Rotkäppchen öffnete die Tür.

Der Wolf versteckte sich unter der Bettdecke und sagte: „Stell die Kekse und die Marmelade auf den Tisch, komm und setz dich zu mir auf die Bettkante."

Rotkäppchen kletterte auf das Bett und starrte die Großmutter an.

„Großmutter, du hast so große Arme!" rief sie.

„Damit ich dich besser umarmen kann", erwiederte der Wolf.

„Aber Großmutter, du hast so große Ohren!"

„Damit ich dich besser hören kann."

„Großmutter, du hast so große Augen!"

„Damit ich dich besser sehen kann, mein Kind!"

„Großmutter, du hast so große Zähne!" rief Rotkäppchen.

„Damit ich dich besser fressen kann!" bellte der Wolf, warf die Bettdecke zur Seite und sprang aus dem Bett.

Gerade als er das kleine Mädchen auffressen wollte, stürzte einer der Holzfäller, die im Wald waren, in das Häuschen. Mit einem einzigen Hieb seiner Axt schnitt er dem Wolf den Kopf ab. Und niemand hatte mehr Probleme mit diesem schlechten Wesen.

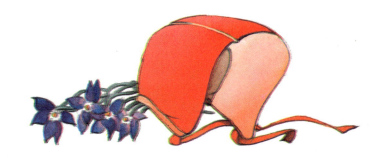

Schneeweißchen und Rosenrot

Es war einmal eine arme Witwe, die in einer abgelegenen Hütte lebte. Vor der Hütte war ein Garten, in dem zwei Rosenbüsche wuchsen, der eine mit weißen und der andere mit roten Rosen. Die Witwe hatte zwei Töchter. Sie wurden nach den beiden Rosenbüschen benannt und hießen Schneeweißchen und Rosenrot.

Beide Mädchen waren sehr hilfreich und gehorsam. Jeder, der ihnen begegnete, dachte, daß sie beide die hübschesten Mädchen der Welt waren. Rosenrot liebte es, durch Felder und über Wiesen zu laufen, Blumen zu pflücken und Schmetterlinge zu jagen. Schneeweißchen

jedoch zog es vor, mit ihrer Mutter zu Hause zu bleiben und ihr bei der Hausarbeit zu helfen. Und wenn sie damit fertig war, las sie ihr etwas vor.

Die Geschwister mochten sich so sehr, daß sie Hände hielten, wenn sie das Haus verließen. Und sie versprachen einander, sich nie zu trennen, solange sie leben würden.

Sie gingen häufig zum Früchtesammeln in den Wald. Die Tiere taten den Mädchen nie etwas an und waren so zutraulich, daß sie ganz nahe herankamen. Der Hase fraß aus ihren Händen Klee; das Reh graste neben ihnen; der Elch tanzte um sie herum, und die Vögel ließen sich auf den Ästen, die über ihnen waren, nieder und sangen für die Mädchen wunderschöne Lieder.

Wenn die Mädchen noch spät im Wald waren und es zu dunkel wurde, um den Heimweg zu finden, legten sie sich Seite an Seite in das Moos und schliefen dort bis zum nächsten Morgen. Ihre Mutter wußte, daß sie sicher waren und machte sich deshalb keine Sorgen.

Einmal verbrachten sie die ganze Nacht im Wald. Als sie im Morgengrauen erwachten, sahen sie ein wunderschönes Kind in einem leuchtendweißen Kleid vor ihnen stehen. Es sah sie freundlich an, sagte aber nichts und verschwand dann im Wald.

Als die Mädchen aufblickten, bemerkten sie, daß sie an der Kante zu einem Abgrund geschlafen hatten. Sie

wären mit Sicherheit abgestürzt, wären sie noch zwei weitere Schritte in der Dunkelheit weitergegangen. Ihre Mutter war davon überzeugt, daß das Kind ein Schutzengel für gute Kinder war.

Schneeweißchen und Rosenrot hielten die Hütte ihrer Mutter so sauber, daß es immer eine Freude war, hineinzuschauen.

Im Sommer verrichtete Rosenrot jeden Morgen die Hausarbeit, bevor ihre Mutter aufwachte. Dann stellte sie einen Strauß Blumen mit einer Rose von jedem Rosenbusch neben ihr Bett.

Im Winter zündete Schneeweißchen das Feuer an und

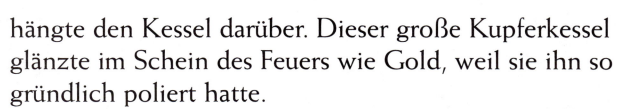

hängte den Kessel darüber. Dieser große Kupferkessel glänzte im Schein des Feuers wie Gold, weil sie ihn so gründlich poliert hatte.

Am Abend, wenn der Schnee fiel, würde ihre Mutter sagen: „Schneeweißchen, verschließ bitte die Tür."

Dann setzten sie sich an das Feuer. Ihre Mutter setzte die Brille auf und las den Kindern aus einem dicken Buch vor. Die beiden jungen Mädchen spannen Wolle, während sie ihr zuhörten.

Das Lämmchen schlief zu ihren Füßen und hinter ihnen schlief auf einer Stange eine weiße Turteltaube, den Kopf unter den Flügel gesteckt.

Eines Abends, als sie alle friedlich zusammensaßen, klopfte jemand an die Tür.

„Rosenrot, öffne schnell die Tür", sprach ihre Mutter. „Vielleicht ist es ein Reisender, der eine Unterkunft sucht."

Rosenrot öffnete die Tür und erwartete einen armen Mann. Aber zu ihrer großen Überraschung streckte ein Bär seinen großen Kopf durch die Tür. Rosenrot schrie auf und schreckte zurück. Das Lämmchen blökte, die Turteltaube flatterte auf und Schneeweißchen versteckte sich hinter dem Stuhl der Mutter.

Der Bär aber fing an zu sprechen: „Fürchtet euch nicht, ich tue euch nichts zuleide. Ich bin halb erfroren und möchte mich nur ein wenig aufwärmen."

„Armer Bär", sprach die Mutter. „Leg dich ans Feuer, versenge dir aber nicht dein Fell."

Dann sagte sie: „Schneeweißchen, Rosenrot, kommt heran, der Bär tut euch nichts zuleide."

Und beide kamen näher heran. Nach und nach kamen das Lämmchen und die Turteltaube auch näher und hatten keine Furcht vor ihm.

Dann sagte der Bär: „Ihr Kinder, könnt ihr mir vielleicht den Schnee aus meinem Fell bürsten?"

Und sie holten den Besen und reinigten das Fell des Bärens. Danach streckte er sich beim Feuer aus und brummte zufrieden und behaglich.

Die Mädchen fühlten sich bald so sicher vor dem, Bären, daß sie anfingen, den großen Gast zu necken. Sie zogen ihm mit ihren Händen am Fell, setzten ihre kleinen Füße auf seinen Rücken und rollten ihn von einer zur anderen Seite. Sie tätschelten ihn mit einem Stock und brachen in Lachen aus, wenn er zu brummen anfing.

Der Bär ließ sie spielen, aber wenn es zu wild wurde, sagte er: „Kinder, laßt mich zufrieden:

    Schneeweißchen, Rosenrot!

    Schlagt nicht den Liebsten tot!"

Nachdem die Zeit kam, zu Bett zu gehen, und die Mädchen eingeschlafen waren, sagte die Mutter zum Bären: „Bleib über Nacht hier nahe am Feuer, Gott wird über dich wachen."

Als der Bär am nächsten Morgen aufwachte, ließen ihn die Mädchen gehen und er zog durch den Schnee in den Wald zurück.

Von da an kam er jeden Abend zur selben Zeit zurück, um am Feuer zu liegen. Die Mädchen ließ er spielen. Sie gewöhnten sich so sehr an ihn, daß sie die Tür bis zu seinem Kommen nicht zuschlossen.

Als der Frühling kam, und draußen alles wieder grün wurde, sagte der Bär eines Morgens zu Schneeweißchen: „Nun werde ich dich verlassen, und während des Sommers wirst du mich nicht sehen."

„Wohin gehst du, lieber Bär?" fragte Schneeweißchen.

„Ich muß in den Wald gehen, um alle meine Schätze vor den bösen Zwergen zu schützen", antwortete er. „Im Winter ist der Erdboden tief gefroren. Dann sind die Schätze vor ihnen sicher, weil sie in der Erde bleiben müssen. Aber jetzt erwärmt die Sonne den Boden, sie können Löcher buddeln und herauskommen. Alles, was sie anfassen, nehmen sie in ihre Höhlen. Und niemand sieht davon etwas wieder."

Schneeweißchen öffnete ihm die Tür, aber sie war sehr traurig, daß er gehen mußte.

Als der Bär nun ging, blieb ein Stück seines Felles im Türschloß stecken und es schien Schneeweißchen so,

als ob sie Gold durch sein Fell glitzern sah. Sie war sich aber nicht ganz sicher.

Der Bär ging zügig fort, und bald verschwand er hinter den Bäumen.

Einige Zeit später schickte die Mutter ihre Kinder in den Wald, um Zweige zu sammeln. Unterwegs fanden sie einen riesigen Baum, der gefällt war. Um den Stamm herum und zwischen den Blättern sahen sie etwas springen, sie konnten aber erst nichts Genaues erkennen.

Als sie nun näher kamen, erkannten sie einen Zwerg. Er hatte ein altes, faltiges Gesicht und einen langen, weißen Bart.

Das Ende seines Bartes war in einem Spalt des Baumes eingeklemmt. Das kleine Männchen hüpfte wie ein angeketteter Hund von einer zur anderen Seite und wußte keinen Rat, wie er sich aus der Not befreien konnte.

Er starrte die beiden jungen Mädchen mit seinen glühenden Augen an und schrie: „Was steht ihr hier herum, könnt ihr nicht kommen und mir helfen?"

„Kleiner Mann, was tust du hier?" fragte Rosenrot.

„Du dumme, neugierige Gans", antwortete der Zwerg. „Ich wollte diesen Baum aufspalten, um kleines Brennholz in der Küche zu haben. Die dicken Klötze

verbrennen unsere kleinen Teller, von denen wir zu essen pflegen. Wir sind ja nicht so gierig wie ihr. Ich trieb den Keil mit meiner Axt hinein, aber der Keil war zu glatt und rutschte gleich wieder heraus. Der Spalt schloß sich so schnell, daß ich keine Zeit hatte, meinen schönen, weißen Bart herauszuziehen. Jetzt stecke ich fest. Lacht mich nicht aus, ihr achtlosen Mädchen! Oh, ihr seid ja so lieblos!"

Die Kinder versuchten mit aller Gewalt, den Bart aus dem Baum zu ziehen, doch das war nicht möglich. Er steckte fest.

„Ich gehe und finde jemand, der uns helfen kann", sagte Rosenrot.

„Du dummes Schaf!" brummte der Zwerg. „Wozu würde das nützen? Ihr seid doch hier zu zweit und das ist schon zu viel! Fällt euch nichts Besseres ein?"

„Sei nur geduldig", sagte Rosenrot. „Wir werden eine Lösung finden."

„Sie nahm eine Schere aus ihrer Tasche und schnitt den Bart an der Stelle ab, an der er eingeklemmt war. Sobald der Zwerg befreit war, griff er nach einem Sack voller Gold, das zwischen den Wurzeln des Baumes versteckt war.

Er umarmte ihn fest und jammerte: „Oh, was ist die Schere schrecklich, daß sie mir die Spitze von meinem

feinen Bart abschneidet! Hol euch der Kuckuck, ihr bösen Mädchen!"

Dann schwang er den Sack auf seinen Rücken und ging fort, ohne etwa noch den Kindern zu danken.

An einem anderen Tag im Sommer entschlossen sich Schneeweißchen und Rosenrot, fischen zu gehen.

Als sie an der Böschung des Baches ankamen, schien es ihnen, als ob ein Grashüpfer am Wasser herumhüpfte.

Sie rannten an die Stelle und erkannten den Zwerg.

„Was tust du hier?" fragte Rosenrot. „Willst du ins Wasser springen?"

„Ich bin nicht dumm", sagte der Zwerg. „Könnt ihr denn nicht sehen, daß der Fisch versucht, mich ins Wasser zu ziehen? Oh, das ist ein verhexter Fisch und ich kann mich nicht befreien!"

Das kleine Männchen erzählte den Mädchen, daß er sich mit Angelrute und Schnur hingesetzt hatte. Aber ein Windstoß verwickelte die Angelschnur mit seinem Bart und im gleichen Moment biß ein Fisch an.

Er war nicht in der Lage, die Schnur an sich zu ziehen, weil der Fisch viel kräftiger war. Der Zwerg versuchte, sich an Grashalmen und Binsen festzuhalten, aber auch das war umsonst. Und nun war er in Gefahr, ins Wasser gezogen zu werden.

Die beiden Mädchen kamen im rechten Augenblick.

Sie zogen an der Schnur und versuchten, den Bart zu entflechten. Aber auch sie hatten nicht mehr Glück als der Zwerg - der Bart und die Angelschnur waren fest ineinander verwirrt.

Schließlich blieb nur eine Möglichkeit offen, die Schere zu nehmen und den Bart abzuschneiden, dieses Mal noch viel kürzer!

Als der Zwerg dies sah, begann er zu schreien: „Müßt ihr denn so dumm sein? War es nicht schon genug, die Spitze meines Bartes abzuschneiden? Jetzt habt ihr mir den besten Teil genommen. Ich bin jetzt zu verlegen, als daß ich zu meinen Freunden zurückgehen kann. Ich hoffe, ihr bekommt die Strafe, die ihr verdient habt!"

Dann nahm der undankbare Zwerg einen Sack voller Perlen, die im Schilf versteckt waren, und verschwand hinter einem Stein, ohne ein weiteres Wort zu sagen.

Einige Tage später schickte die Mutter ihre beiden jungen Mädchen in die Stadt, um Zwirn, Nadeln, Zierband und Schleifen zu kaufen. Der Weg führte über ein Feld mit vielen großen Steinen.

Auf ihrem Weg sahen sie einen Adler über sich schweben. Plötzlich beobachteten sie, wie er im Sturzflug hinter einen Felsen flog. Gerade als sie sich darüber wunderten, was der große Vogel dort gesichtet

hatte, hörten sie einen lauten und durchdringenden Schrei.

Die Mädchen rannten dorthin und sahen, daß der Adler ihren alten Freund, den Zwerg, ergriffen hatte und versuchte, mit ihm wegzufliegen.

Die Kinder griffen schnell die Jacke vom Zwerg und hielten sie fest. Der Adler flatterte, der Zwerg schrie und die Kinder kämpften und zogen. Schließlich wurde diese Anstrengung für den Adler zu viel, er gab auf und ließ seine Beute los.

Als sich der Zwerg vom Schreck erholt hatte, schrie er mit aller Kraft: „Konntet ihr mit mir nicht ein wenig vorsichtiger umgehen? Ihr habt so sehr an meiner Jacke gezogen, daß sie in Fetzen zerrissen ist, ihr schrecklichen, unbeholfenen Mädchen!"

Dann griff er nach einem Sack voller Edelsteine und schlüpfte unter einen Stein in seine Höhle.

Die jungen Mädchen waren mittlerweile an seine Undankbarkeit gewöhnt. Sie setzten ihren Weg in die Stadt fort, um ihre Besorgungen zu machen und dachten nicht mehr weiter über den schrecklichen, kleinen Mann nach.

Als sie auf dem Heimweg über die Felder gingen, trafen sie den Zwerg wieder. Er starrte gierig auf den Schatz an Edelsteinen, und hatte zu dieser Abendzeit niemanden mehr erwartet. Der Sonnenuntergang ließ die Steine glitzern und der Anblick war so schön, daß die Mädchen stehen blieben.

„Was starrt ihr mich mit euren Affengesichtern an?" fuhr der Zwerg sie an, als er sie sah.

Sein blasses Gesicht wurde feuerrot und er begann, sie mit weiteren Beleidigungen anzuschreien, in der Hoffnung, sie würden sich entschließen, fortzugehen.

Plötzlich hörten sie ein schreckliches Brüllen und ein schwarzer Bär kam aus dem Wald gerannt.

Der erschrockene Zwerg versuchte, sich zu

verstecken. Der Bär jedoch war für ihn zu schnell und griff ihn mit seinen Pranken. Dann begann er zu schreien und zu heulen.

„Lieber Herr Bär, verschone mich. Ich will dir auch alle meine Schätze geben - sieh hier alle diese wunderschönen Steine. Töte mich nicht. Was könntest du mit einem solchen armen, kleinen Mann machen? Du würdest mich zwischen deinen Zähnen nicht einmal spüren. Warum greifst du dir stattdessen nicht jene armseligen Mädchen? Sie würden für dich ein schmackhaftes Essen sein - sie sind so fett wie ein Paar Gänse. Um Himmels Willen, iß doch sie, nicht aber mich!"

Der Bär achtete aber nicht auf die Worte, die der Zwerg gesagt hatte, und gab ihm einen Tritt, der ihn sofort tötete.

Die Mädchen fürchteten sich so sehr, daß sie, so schnell sie konnten, wegliefen. Der Bär aber rief: „Schneeweißchen, Rosenrot, fürchtet euch nicht. Wartet auf mich, ich will mit euch gehen."

Plötzlich erkannten die Mädchen seine Stimme und blieben voller Freude stehen. Als nun aber das Wesen näher herankam, fiel sein Bärenfell ab und vor ihnen stand stattdessen ein junger Mann, völlig in Gold gekleidet.

„Ich bin ein Prinz", sagte er. „Ich wurde von jenem

üblen Zwerg verzaubert, der mir alle meine Schätze gestohlen hatte. Er verwandelte mich in einen wilden Bären und ließ mich durch die Wälder laufen. Er sagte mir, daß ich vom Zauberspruch solange nicht befreit werden könnte, bis er tot sei. Jetzt hat er die Strafe erhalten, die er verdient hat."

Nun wirst Du denken, daß dies das Ende dieser Geschichte war, dem ist aber nicht so. Einige Jahre später heiratete Schneeweißchen den Prinzen, und Rosenrot seinen Bruder.

Die hochbetagte Mutter lebte mit ihren Kindern noch lange in Glück und Frieden. Sie nahm die Rosenbüsche zum Palast und pflanzte sie unter ihrem Fenster. Und jedes Jahr blühten sie im schönsten Weiß und Rot der ganzen Welt.

Hänsel und Gretel

Am Rande eines großen Waldes lebten ein armer Holzfäller mit seiner Frau und ihren zwei Kindern. Der kleine Junge hieß Hänsel, das kleine Mädchen Gretel. Die Familie war so arm, daß sie kaum genug zu Essen hatten. Aber noch schlimmer, eine große Hungersnot bedrohte das Land und für Holzfäller war es sehr schwer, sich den Lebensunterhalt zu verdienen.

Eines Abends, als die Kinder zu Bett gegangen waren, säufzte der Mann und sagte zu seiner Frau: „Was wird nur aus uns werden? Wie können wir unsere Kinder füttern, wenn wir nicht einmal etwas für uns selbst haben?!"

„Ich habe eine gute Idee", sagte seine Frau. „Morgen, noch vor Sonnenaufgang, werden wir die Kinder an die dichteste und dunkelste Stelle des Waldes nehmen. Wir werden für sie ein Feuer anzünden und geben jedem von ihnen ein Stück Brot. Dann werden wir an unsere Arbeit gehen und sie dort zurücklassen. Sie werden nicht in der Lage sein, den Heimweg zu finden, und wir sind sie los."

„Nein", sagte der Mann. „Ich möchte das nicht machen. Wie könnte ich meine Kinder im Wald aussetzen? Die wilden Tiere würden sie auffressen."

„Oh, du Dummkopf!" schrie seine Frau. „Wenn wir das nicht machen, werden wir alle vier verhungern. Ist es das, was du möchtest?"

Sie gab ihm solange keine Ruhe, bis er nachgab.

Hänsel und Gretel waren so hungrig, daß sie nicht schlafen konnten. Deshalb hörten sie alles, was die Mutter sagte.

Gretel begann zu weinen und sagte: „Oh Hänsel, was machen wir jetzt nur?"

„Beruhige dich wieder, Gretel", sagte Hänsel. „Mach dir keine Sorgen. Ich werde einen Ausweg aus dieser Not finden."

Als die Eltern eingeschlafen waren, stand Hänsel auf, zog sich an und verschwand nach draußen.

Es war Vollmond und hell und die kleinen Steine, die vor dem Haus lagen, leuchteten wie Silberstücke. Hänsel bückte sich und füllte seine Taschen mit so vielen Kieselsteinen, wie er nur tragen konnte.

Dann ging er wieder nach drinnen und flüsterte Gretel zu: „Schlafe ruhig ein, liebe Schwester. Ich habe einen Plan, der uns retten wird." Dann ging er wieder zu Bett.

Früh am Morgen, noch eine Stunde vor

Sonnenaufgang, weckte die Frau die zwei Kinder auf, indem sie beide auf grobe Art wachrüttelte.

„Wacht auf, ihr faulen Kinder. Wir wollen alle in den Wald gehen und Holz sammeln", sagte sie energisch.

Dann gab sie beiden ein kleines Stück Brot und sagte: „Dies ist euer Frühstück. Eßt es aber nicht gleich, denn ihr werdet heute nichts mehr bekommen."

Gretel steckte die zwei Stücke Brot in ihre Schürze, denn Hänsels Hosentaschen waren voller Steine. Dann machten sie sich alle auf den Weg in den Wald.

Bevor sie den Wald erreichten, blieb Hänsel stehen, um zum Haus zurückzuschauen. Er tat dies so oft, daß sein Vater neugierig wurde.

„Warum bleibst du immer wieder stehen und siehst nach dem Haus?" fragte er. „Paß auf, daß du nicht über deine eigenen Füße fällst!"

„Ich sehe nach meiner weißen Katze", antwortete Hänsel. „Sie sitzt auf dem Dachfirst und möchte mir ‚Auf Wiedersehen' sagen."

„Dummkopf!" sagte die Frau. „Das ist nicht deine kleine, weiße Katze. Das ist die aufgehende Sonne, die auf den Schornstein scheint."

Tatsächlich war Hänsel wirklich weit zurückgeblieben, damit er mit den Steinen, die er in seiner Tasche versteckt hatte, eine Fährte legen konnte.

Er ließ einen Kieselstein nach dem anderen auf den Boden fallen.

Als sie die Mitte des Waldes erreicht hatten, sagte ihr Vater: „Nun könnt ihr beide etwas Holz sammeln. Ich werde euch Feuer machen, damit euch nicht kalt wird."

Hänsel und Gretel taten, was er sagte, und bald hatten sie einen Stoß Feuerholz aufgestapelt. Er war so groß wie ein kleiner Hügel.

Ihr Vater zündete das Feuer an. Als die Flammen hoch empor loderten, sagte seine Frau: „Kinder, setzt euch nahe ans Feuer und ruht euch aus. Wir werden tiefer in den Wald gehen und Bäume fällen. Wenn wir damit fertig sind, werden wir euch abholen."

Hänsel und Gretel saßen nahe am Feuer und zu Mittag aßen sie beide ihre kleinen Brotstücke. Die ganze Zeit konnten sie den Klang einer Axt hören. Sie dachten, daß ihr Vater nicht weit weg war. Aber der Lärm kam gar nicht von einer Axt. Es war nur ein Ast, den ihr Vater an einem Baum befestigt hatte. Dieser bewegte sich im Wind hin und her.

Schließlich fielen die Augen der Kinder vor Erschöpfung zu, und sie fielen in einen tiefen Schlaf.

Als sie endlich aufwachten, war es schon dunkel.

Gretel begann zu weinen und sagte: „Wie werden wir unseren Weg aus dem Wald finden?"

"Warte, bis der Mond aufgeht", sagte Hänsel und umarmte sie. "Dann werden wir unseren Heimweg finden."

Sobald der Mond aufging, nahm Hänsel seine kleine Schwester an der Hand, und sie folgten dem Weg mit den kleinen Steinen, die wie Silberstücke glitzerten und den Weg nach Hause markierten.

Es war schon fast Tag, als sie zu Hause ankamen.

Sie klopften an die Tür. Als die Mutter öffnete und Hänsel und Gretel sah, sagte sie: "Ihr unartigen Kinder, wo seid ihr über Nacht gewesen? Wir dachten, ihr habt euch verirrt."

Ihr Vater war hocherfreut, sie wiederzusehen und hieß sie zu Hause willkommen. Aber es dauerte nicht lange, und die Kinder hörten die Frau, wie sie sich bei ihrem Vater beklagte.

„Wir haben nur einen halben Laib Brot und danach

ist nichts mehr zum Essen da. Wir müssen die Kinder loswerden. Wir werden sie diesmal viel tiefer in den Wald nehmen, damit sie ihren Heimweg nicht finden können. Es gibt keine andere Lösung."

Ihrem Vater brach das Herz. Er dachte, daß es besser wäre, das letzte Stück Brot mit den Kindern zu teilen, statt sie fortzuschicken. Die Frau aber wollte nichts mehr darüber hören und fing an, ihn auszuschimpfen. Endlich gab er wieder nach.

Als ihre Eltern schliefen, stand Hänsel auf und ging, um Steine zu sammeln, wie er es schon einmal getan hatte. Aber dieses Mal war die Tür abgeschlossen, und Hänsel konnte nicht nach draußen gehen.

Trotzdem tröstete er seine kleine Schwester und sagte: „Sei nicht traurig, ich finde einen Ausweg aus dem Leid."

Am frühen Morgen scheuchte die Frau die Kinder aus dem Bett und gab ihnen beiden ein kleines Stück Brot, noch kleiner als beim letzten Mal.

Während sie in den Wald gingen, blieb Hänsel immer wieder stehen, um von seinem Brot einen Brocken nach dem anderen auf den Weg zu werfen.

„Hänsel, warum bleibst du so weit zurück?" fragte sein Vater. „Beeil dich!"

„Ich sehe nach meiner Taube. Sie sitzt auf dem Dachfirst und möchte mir ‚Auf Wiedersehen' sagen", erwiederte Hänsel.

„Du Dummkopf!" rief die Frau. „Das ist nicht deine Taube. Es ist nur die aufgehende Sonne, die auf den Schornstein scheint."

Hänsel ließ im Geheimen auch weiterhin Brotbrocken auf den Weg fallen.

Diesmal wurden Hänsel und Gretel tiefer und tiefer in den Wald geführt, dorthin, wo sie noch nie zuvor im Leben waren.

Ihr Vater entzündete für sie wie beim ersten Mal ein großes Feuer und die Frau sagte: „Bleibt hier beim Feuer. Wir gehen in den Wald und fällen Bäume. Wenn wir am Abend damit fertig sind, kommen wir und nehmen euch wieder nach Hause."

Zur Mittagszeit teilte Gretel ihr Stück Brot mit Hänsel, der sein Stück auf dem Hinweg aufgebraucht hatte. Dann legten sie sich schlafen. Sie wachten erst auf, als es dunkel war. Niemand kam, um sie abzuholen. Hänsel tröstete seine kleine Schwester, indem er sagte: „Gretel, warte, bis der Mond aufgeht. Dann sind wir in der Lage, die Brotbrocken zu sehen, die ich gestreut habe. Diese werden uns den Weg nach Hause zeigen."

Als der Mond aufging, standen sie auf. Aber sie

konnten keinen einzigen Brocken finden, weil die Vögel, die im Wald leben, alles aufgepickt hatten.

„Das macht nichts, wir werden den Heimweg auch alleine finden", sagte Hänsel.

Aber sie konnten ihn nicht finden. Sie wanderten die ganze Nacht und sogar den ganzen Tag von Sonnenaufgang bis zum Sonnenuntergang, konnten aber den Weg aus dem Wald heraus nicht finden.

Sie waren sehr hungrig, denn außer einigen wilden Erdbeeren, die am Wegrand wuchsen, hatten sie nichts

zum Essen gehabt. Schließlich waren sie so müde, daß ihre Füße sie nicht länger tragen konnten. Deshalb legten sie sich unter einen Baum und schliefen ein.

Am nächsten Tag versuchten sie wieder, den Heimweg zu finden, aber sie gerieten nur tiefer und tiefer in den Wald.

Zur Mittagszeit sahen sie einen wunderschönen Vogel, so weiß wie Schnee, der auf einem Zweig saß und wunderschön sang. Während sie dem Gesang zuhörten, vergaßen die Kinder beinahe ihren Hunger.

Dann breitete der Vogel seine Flügel aus und flog davon. Die Kinder folgten dem Vogel zu einem kleinen Haus. Als sie sich dem kleinen Haus näherten, sahen sie voller Verwunderung, daß es aus Kuchen und Lebkuchen bestand, die Fenster aber aus braunem Zucker.

„Das ist gerade das Richtige für uns", sagte Hänsel. „Wir werden eine gute Mahlzeit davon haben. Ich beginne mit dem Dach. Gretel, warum naschst du nicht vom Fenster?"

Hänsel kletterte auf das Dach und brach ein Stück ab. Währenddessen begann Gretel, an den Fenstern zu lecken.

Plötzlich kam eine sanfte Stimme von drinnen:
„Knusper, knusper, knäuschen!

Wer knuspert an meinem Häuschen?"
Und die Kinder antworteten:
„Der Wind, der Wind,
Das himmlische Kind."

Sie ließen sich beim Essen mit keinem Gedanken stören, denn sie waren noch sehr hungrig. Hänsel mochte den Geschmack des Daches und riß sich ein großes Stück heraus. Gretel aber nahm eine große Fensterscheibe heraus und begann, sie anzubeißen.

Plötzlich öffnete sich die Tür, und eine alte, gebückte Frau kam herausgeschlichen. Hänsel und Gretel fürchteten sich so sehr, daß sie ihre Süßigkeiten fallen ließen.

Die alte Frau nickte mit ihrem Kopf und sagte: „Meine lieben Kinder, wie seid ihr hierher gekommen? Kommt herein und bleibt bei mir in meinem Haus. Es wird euch hier gefallen."

Sie nahm beide Kinder an der Hand und ging mit ihnen in das kleine Häuschen. Dort gab sie ihnen eine köstliche Mahlzeit, die aus Milch und Eierpfannkuchen mit Zucker, Äpfeln und Nüssen bestand. Dann bereitete sie ihnen zwei kleine Bettchen vor, in denen Hänsel und Gretel sofort einschliefen. Sie dachten, sie seien im Himmel.

Vom ersten Augenschein an war die alte Frau sehr

freundlich, aber in Wirklichkeit war sie eine gemeine Hexe, die kleine Kinder einfing und aß. Sie hatte ihr kleines Häuschen aus Lebkuchen nur gebaut, um sie anzulocken. Dann fütterte sie die Kinder, bis sie fett genug waren, um gegessen zu werden.

Diese Hexe hatte keine guten Augen, aber sie hatte einen ausgezeichneten Geruchssinn. Als sie Hänsel und Gretel roch, als diese sich dem Häuschen näherten, lachte sie mit einem bösen Schnattern und rief: „Sie werden mir nicht entkommen."

Am nächsten Morgen weckte sie Hänsel auf, griff

ihn mit ihrer runzligen Hand und nahm ihn zu einem kleinen Stall. Dort schloß sie ihn hinter einer Tür ein, die Gitter als Fenster hatte. Dann ging sie zu Gretel zurück und schüttelte sie wach.

„Steh auf, du faules Kind", sagte sie. „Geh und hol mir Wasser, damit ich deinem Bruder etwas Gutes kochen kann. Er ist im Stall und muß fett werden. Sobald er fett genug ist, werde ich ihn essen."

Gretel begann zu weinen, aber vergebens. Sie wurde gezwungen, daß zu tun, was die Hexe ihr auftrug. Dann bereitete die Hexe Hänsel eines der besten Gerichte, Gretel aber gab sie nur die Schalen von Krabben.

Jeden Morgen schlich sich die alte Frau in den Stall und rief: „Hänsel, steck deinen Finger aus! Ich möchte fühlen, ob du schon fett geworden bist."

Aber Hänsel streckte ihr einen kleinen Knochen entgegen, den er auf dem Boden gefunden hatte. Weil die Hexe kurzsichtig war, nahm sie an, daß es sein Finger sei. Sie war überrascht, daß er nicht fetter wurde.

So vergingen vier Wochen. Hänsel blieb dünn und sie wurde schließlich ungeduldig. Eines Tages entschloß sie sich, nicht mehr länger zu warten.

„Beeil dich, Gretel, und bring mir Wasser", befahl sie dem jungen Mädchen. „Ob Hänsel nun fett ist oder nicht, ich werde ihn töten und morgen kochen."

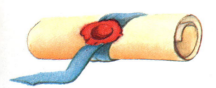

Gretel weinte und weinte. „Wenn uns die wilden Tiere im Walde doch gefressen hätten. Wir wären wenigstens gemeinsam gestorben!" schluchzte sie.

„Spar dir dein Jammern", sagte die Hexe. „Das wird dir auch nicht helfen."

Am folgenden Morgen hatte Gretel den großen Kochkessel mit Wasser zu füllen und das Feuer anzuzünden.

„Zuerst werden wir Brot backen", sagte die Hexe. „Ich habe den Ofen erhitzt und den Teig geknetet."

Sie drängte die arme Gretel zu den lodernden Flammen, die aus dem Ofen kamen.

„Kriech hinein und sieh nach, ob der Ofen warm genug ist, damit wir das Brot hineinschieben können."

Gretel wußte nur zu gut, was die Hexe vorhatte. Wenn Gretel erst einmal im Ofen wäre, würde die Hexe die Tür schließen und sie rösten und ebenfalls essen. Deshalb kratzte sie sich den Kopf und gab vor, verlegen auszusehen.

„Ich weiß nicht, wie ich hineingelangen kann", sagte sie.

„Oh du dumme Gans!" sagte die Hexe. „Die Öffnung ist groß genug. Du wirst sehen, daß selbst ich durch die Tür passe."

Sie hielt den Kopf in die Ofentür. Ohne zu zögern, gab Gretel ihr einen kräftigen Stoß und schob die alte Hexe geradewegs in den heißen Ofen. Dann schloß und verriegelte sie die Eisentür. Das bereitete der bösen Hexe ein schnelles Ende!

Gretel rannte schnell zu Hänsel, öffnete die Stalltür und rief: „Hänsel, wir sind frei! Die alte Hexe ist tot!"

Sie tanzten vor Freude und umarmten sich. Und weil sie sich vor nichts mehr länger zu fürchten hatten, gingen sie durch das ganze Häuschen und fanden verschiedene Sorten von Edelsteinen und Perlen.

Mit lautem Gelächter sammelten die beiden Kinder so viele Kostbarkeiten, wie sie nur tragen konnten. Hänsel füllte seine Taschen und Gretel ihre Schürze.

"Jetzt laß uns aber schnell gehen. Ich bin sicher, daß wir dieses Mal unseren Weg aus diesem verhexten Wald finden", sagte Hänsel.

Nachdem sie eine oder zwei Stunden lang durch den Wald gegangen waren, erreichten die Kinder einen großen Fluß.

"Wir sind nicht in der Lage, an die andere Seite zu gelangen", sagte Hänschen. "Ich kann weder eine Brücke noch ein Floß sehen."

"Nicht einmal ein Boot ist da", stimmte auch Gretel ein. "Aber sieh hier, diese weiße Ente. Wenn ich sie freundlich darum bitte, wird sie uns vielleicht helfen, über den Fluß zu gelangen."

Und sie rief:

„Kleines Entchen, kleines Entchen!
Es warten auf dich Gretel und Hänschen.
Hier gibt es keine Planken und Brücken,
Nimm uns hinüber auf deinem weißen Rücken."

Die Ente schwamm geradewegs auf sie zu, und Hänsel setzte sich auf ihren Rücken.

Er wollte, daß sich seine Schwester gleich zu ihm setzt.

„Nein", sagte Gretel. „Wir beide sind der Ente zu schwer. Sie wird uns nacheinander hinüberbringen."

Als sie beide die andere Seite des Flußes sicher erreicht hatten, gingen sie gleich weiter. Und während sie wanderten, kam ihnen der Wald bekannter vor und die Kinder erkannten Dinge wieder.

Zuletzt jubelten sie, als sie die Lichtung sahen, wo ihr Elternhaus stand. Dann begannen die Kinder zu laufen; sie stürzten in das Haus und schlugen ihre Arme dem Vater um den Hals.

Der Mann war überglücklich, seine Kinder sicher und unversehrt wiederzusehen. Er hatte keine glückliche Stunde mehr gehabt, seit er sie im Wald zurückgelassen hatte. Seine Frau war nun tot.

Gretel leerte die Schürzentasche und Perlen und Edelsteine rollten durch das ganze Zimmer. Hänsel warf eine Handvoll Juwelen nach der anderen aus seiner Tasche.

Endlich waren alle ihre Sorgen vorbei. Von dem Tag an kannte die Familie keinen hungrigen Tag mehr und sie lebten alle zusammen in lauter Freude.

Das kleine Mädchen mit den Streichhölzern

Es war Sylvester, der letzte Abend des Jahres, und schrecklich kalt! Schnee fiel und es wurde bald dunkel.

Ein armes, kleines Mädchen wanderte durch die Kälte und Dunkelheit die Straße entlang. Sie war barfuß und hatte keinen Schal um den Kopf. Als sie das Haus verließ, trug sie noch Hausschuhe. Sie waren aber nicht von großem Nutzen. Denn früher wurden sie von ihrer Mutter getragen, und deshalb waren sie dem Mädchen zu groß. Und weil die Schuhe zu groß waren, verlor sie das Mädchen, als sie in aller Eile die Straße zwischen zwei Kutschen überquerte. Einen Hausschuhe konnte sie nicht wiederfinden. Den anderen nahm sich ein Junge, der ihn als Wiege benutzen wollte, wenn er eigene Kinder hatte.

Das kleine Mädchen wanderte barfuß die Straße entlang. Dadurch waren die Füße so kalt, daß sie blau anliefen. Sie hatte einige Streichhölzer in ihrer alten Schürze, ein Bündel Streichhölzer hielt sie in der Hand. Den ganzen Tag über war das kleine Geschäft mit den Streichhölzern sehr schlecht gegangen. Niemand hatte auch nur ein Streichholz gekauft, und so hatte sie keinen einzigen Pfennig verdient. Sie war sehr hungrig und fror, und sah sehr schwach aus - armes, kleines Mädchen!

Lichter glitzerten von allen Fenstern, und ein wundervoller Bratenduft zog durch die ganze Straße. Das kleine Mädchen hatte nur einen einzigen Gedanken im

Kopf, daß Sylvester war. Sie setzte sich in eine Nische zwischen zwei Häusern und versuchte, sich ein wenig zu wärmen. Es wurde ihr kälter und kälter, sie traute sich aber nicht, nach Hause zu gehen. Denn sie würde alle Streichhölzer zurückbringen, aber keinen einzigen Pfennig. Ihr Vater würde sie schlagen und außerdem würde es zu Hause ebenso kalt sein. Sie wohnten nur in einer kleinen Hütte, und der Wind zog durch das Haus, obwohl die größten Spalten mit Stroh und Lumpen zugestopft waren.

Ihre kleinen Händchen waren durch die Kälte wie abgestorben. Ein angezündetes Streichholz würde

wenigstens etwas helfen! Vielleicht sollte sie sich trauen, vom ganzen Bündel ein Streichholz an der Wand zu entzünden, um ihre Finger zu wärmen!

Dann nahm sie eins. Zisch! Oh, wie das glänzte und leuchtete! Es war eine angenehme, warme Flamme, die wie eine kleine Kerze brannte, und um die sie ihre Hände hielt. Aber es war ein einzigartiges Licht!

Es schien, als ob das kleine Mädchen vor einem großen Eisenofen mit polierten Messinggriffen, schimmernden Töpfen und Pfannen saß. Das Feuer war beeindruckend und spendete viel Wärme! Das Kind hatte gerade ihre Füße zum Wärmen ausgestreckt, als die Flamme ausging und der Ofen verschwand. Sie saß wieder allein, mit einem kleinen verbrannten Streichholz in der Hand.

Das Mädchen entzündete ein weiteres Streichholz. Es brannte und wärmte, und erleuchtete eine Wand, die wie ein Schleier durchsichtig wurde. Das Kind konnte in ein Zimmer schauen, in dem ein Tisch stand, der mit einer weißen Decke überzogen und mit kostbarem Porzellan gedeckt war. Mittendrauf war ein Gänsebraten, der mit Backpflaumen und Äpfeln gestopft war. Der köstliche Duft füllte den ganzen Raum. Und dann gab es eine Überraschung: Plötzlich sprang die Gans von der Servierplatte und rollte auf dem Fußboden direkt zu dem Mädchen hin, Messer und Gabel noch immer im Rücken.

Dann ging das Streichholz aus, und sie sah nur noch die dicke, kalte Wand.

Sie entzündete ein drittes Streichholz. Sogleich saß sie unter einem prachtvollen Weihnachtsbaum. Er war noch größer und viel schöner geschmückt als der, den sie zum letzten Weihnachtsfest durch die Glastür des reichen Kaufmanns gesehen hatte. Tausende von Kerzen brannten auf den grünen Zweigen, und es schien, als ob alle farbenfrohen Figuren sie anlächelten. Doch als das kleine Mädchen beide Hände ausstreckte, ging das Streichholz aus. Die Christbaumkerzen gingen höher und höher. Dann bemerkte sie aber, daß es nur die Sterne waren. Einer von ihnen fiel als Sternschnuppe vom Himmel, einen langen Feuerschweif hinter sich ziehend.

„Jemand stirbt", flüsterte das kleine Mädchen die Worte, die ihre Großmutter immer sagte. Sie pflegte zu sagen: „Wenn du eine Sternschnuppe siehst, geht eine Menschenseele in den Himmel." Sie war die einzige Person, die jemals freundlich zu ihr war, aber dann starb.

Sie entzündete ein weiteres Streichholz an der Wand, und es leuchtete kräftig. Dieses Mal sah sie im hellen Aufleuchten ihre Großmutter, die lieblich und glänzend aussah.

„Oh Oma, nimm mich mit", rief das Mädchen. „Ich weiß, daß du nicht mehr länger da bist, wenn das

Streichholz erlischt. Du verschwindest wie der Eisenofen, der Gänsebraten und der wunderschöne Weihnachtsbaum."

Sie zündete plötzlich das ganze Bündel Streichhölzer an, denn sie wollte bei ihrer Großmutter bleiben. Die Streichhölzer leuchteten so herrlich, und viel heller, als das Tageslicht. Niemals zuvor sah ihre Großmutter größer und schöner aus. Sie nahm das kleine Mädchen in ihre Arme, und beide flogen mit strahlender Freude fort, höher und höher, wo es nicht mehr länger kalt war. Es war ein Ort, wo es keinen Hunger und kein Leid gab - sie waren im Paradies.

Am nächsten Morgen in der Frühe saß das kleine Mädchen immer noch in der Kälte und der Nische zwischen den beiden Häusern. Ihre Wangen waren errötet und sie hatte ein Lächeln auf den Lippen... Sie war tot, erfroren am Sylvesterabend.

Der Neujahrsmorgen brach an. Der kleine Körper hockte noch immer da, und hielt die Streichhölzer, ein beinahe vollständig abgebranntes Bündel.

„Sie wollte sich nur wärmen!" sagte eine Stimme.

Aber niemand wußte von den wunderschönen Sachen, die sie gesehen hatte, auch nicht von dem Glanz, in den sie mit ihrer alten Großmutter zum Neuen Jahr hinüberwechselte.

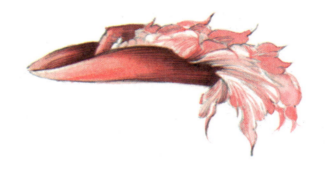

Der gestiefelte Kater

Es war einmal ein Müller. Als er starb, hinterließ er seinen Kindern nur seine Mühle, seinen Esel und seinen Kater. Der Besitz war schnell aufgeteilt, ohne daß ein Rechtsanwalt oder ein Gericht benötigt wurde. Die Gebühren hätten nämlich die ganze, armselige Erbschaft verschlungen. Der älteste Sohn erbte die Mühle, der zweite den Esel. Dem Jüngsten aber blieb nur der Kater.

Mit dieser kleinen Erbschaft war der dritte Sohn nicht gerade glücklich.

„Wenn meine Brüder gemeinsam arbeiten, haben sie einen ansehnlichen Lebensunterhalt", sagte er. „Aber was werde ich tun, wenn ich erst einmal den Kater gegessen und mir aus seinem Fell einen Schal gemacht habe?"

Der Kater überhörte seine Worte und richtete sich würdevoll auf.

„Sei nicht traurig, mein Herr. Du brauchst mir nur einen Sack mit einem Zugband und ein Paar Stiefel geben, die für mich extra angefertigt werden. Mit ihnen kann ich durch das Unterholz gehen. Du wirst sehen, daß du nicht halb so schlecht davongekommen bist, wie du erst dachtest."

Obwohl der Herr dem Kater nicht allzuviel Vertrauen in dieses Versprechen schenkte, entschloß er sich doch, alles zu versuchen, um der Armut zu entgehen. Schließlich hatte er auch sehen können, wie sein Kater listige Tricks ausführte, um Ratten und Mäuse zu fangen.

Als der Kater alles erhielt, wonach er gefragt hatte, zog er sich die Stiefel an. Er tat etwas Getreide und Salat in den Sack, schwang den Sack über seine Schulter und machte sich auf den Weg zu einem Bau. Er wußte, daß er dort viele Kaninchen finden würde. Vor dem Bau legte er sich hin und stellte sich tot. Dann wartete er, daß einige junge und unerfahrene

Kaninchen in seinen Sack gingen, um den Köder zu fressen.

Bald nachdem er sich hingelegt hatte, begann sein Plan zu arbeiten. Ein junges Kaninchen wurde in den Sack gelockt. Sofort fing es der kluge Kater ein, indem er den Sack mit der Zugleine verschloß. Stolz auf seinen Fang ging er zum Palast und bat um einen Empfang beim König.

Der Kater wurde in das Zimmer des Königs geführt, wo er sich tief verbeugte und sprach: „Majestät, hier ist ein wildes Kaninchen. Ich wurde vom Grafen von Carrabas beauftragt, ihnen dieses Kaninchen zu überbringen." (Der Kater erfand den Namen für seinen Herrn.)

„Sag deinem Herrn, daß ich mich sehr freue und ihm dafür danke", erwiederte der König.

Einige Tage später versteckte sich der Kater in einem Weizenfeld und stellte dort seine Falle auf. Als zwei Rebhühner in den Sack tapsten, zog er an der Zugleine und fing beide ein. Und wie er es schon einmal mit dem wilden Kaninchen getan hatte, ging er wieder zum König. Dieser war über die zwei Rebhühner hocherfreut und gab dem Kater etwas zu trinken.

Auf diese Weise ging der Kater die nächsten zwei oder drei Monate vor. Er besuchte den König von Zeit

zu Zeit und brachte ihm Wild, angeblich von der Jagd seines Herrn.

Als er eines Tages davon hörte, daß der König mit seiner Tochter, der wunderschönsten Prinzessin auf der Welt, das Flußufer entlangfahren wollte, sagte der Kater zu seinem Herrn: „Wenn du meinen Ratschlag befolgst, ist das Glück mit dir. Du brauchst nur an der Stelle des Flußes zu baden, die ich dir zeigen werde. Das Übrige überlaß nur mir."

Der junge Mann tat, wie ihm sein Kater geraten hatte. Trotzdem wunderte er sich, ob dies helfen sollte.

Während er badete, kam der König den Weg entlang. Der Kater fing an, laut zu schreien: „Hilfe! Hilfe! Mein Herr, der Graf von Carrabas, ertrinkt!"

Als der König den Hilferuf hörte, schaute er aus dem Wagenfenster heraus und erkannte den Kater, der ihm viele Male Wild brachte. Sofort befahl er seiner Leibwache, den Grafen zu retten.

Während der arme, junge Mann aus dem Fluß gezogen wurde, näherte sich der Kater dem Wagen und erzählte dem König, daß Diebe die Kleider seines Herrn gestohlen hatten. (In Wirklichkeit hatte der Kater sie unter einem großen Stein versteckt.) Der König beauftragte sofort seinen Kleiderwart, für den Grafen von Carrabas einige von seinen besten Anzügen auszusuchen.

Der König schenkte dem jungen Mann viel Aufmerksamkeit. Die schöne Kleidung, die ihm gegeben wurde, betonte sein edles Gesicht und seine ganze Gestalt. Die Tochter des Königs bewunderte ihn sehr. In der Tat dauerte es nicht lange, und sie verliebte sich in ihn. Der König lud den Grafen ein, ihnen für den Rest des Weges Gesellschaft zu leisten.

Der Kater war sehr erfreut zu sehen, daß sein Plan zu arbeiten begann. Trotzdem war noch viel zu tun. So rannte er vorneweg und traf bald auf einige Bauern, die auf einer Wiese das Gras mähten.

„Hört zu, ihr Bauern", sagte er, „wenn ihr dem König nicht erzählt, daß die Felder, auf denen ihr arbeitet, dem Grafen von Carrabas gehören, werdet ihr alle wie Gehacktes aussehen".

Gut genug! Als der König die Bauern traf, fragte er sie, auf wessen Feldern sie arbeiten.

„Sie gehören dem Grafen von Carrabas", antworteten sie alle.

„Du hast hier ein beachtliches Vermögen", sagte der König zum Grafen von Carrabas.

„Wie Majestät sehen, erbringt diese Wiese jedes Jahr aufs Neue überschüssige Ernten", antwortete der junge Mann, wunderte sich aber über die Worte der Bauern.

Der einfallsreiche Kater ging immer noch vorneweg, traf auf einige Knechte und erzählte ihnen: „Hört mal

her, ihr Knechte, wenn ihr nicht sagt, daß dieser Weizen dem Grafen von Carrabas gehört, werdet ihr wie Gehacktes aussehen."

Der König, der wenig später den Weg entlangkam, fragte, wem dieser Weizen gehöre.

„Er gehört dem Grafen von Carrabas", antworteten die Knechte. Der König war über den jungen Mann noch mehr erfreut.

Der Kater lief noch immer vorneweg und teilte jedem, den er traf, die gleichen Worte mit. Der König aber war über den unermeßlichen Reichtum des Grafen von Carrabas erstaunt.

Endlich erreichte der gerissene Kater ein wunderschönes Schloß, das einem Ungeheuer gehörte. In Wirklichkeit war das ganze Land, durch das der König fuhr, ein Teil des Besitzes, der zu diesem Schloß gehörte. Davon wußte aber nur der Kater. Er bat darum, das Ungeheuer zu sprechen. Es begrüßte ihn so höflich, wie Ungeheuer es können, und bat ihn, Platz zu nehmen.

„Man hat mir gesagt," sprach der Kater, „daß du die Fähigkeit besitzt, dich in alle Arten von Tieren zu verwandeln, und daß du dich zum Beispiel in einen Löwen oder einen Elefanten verwandeln kannst. Stimmt das?"

„Das ist wahr", antwortete das Ungeheuer barsch,

„und um es dir zu zeigen, werde ich mich in einen Löwen verwandeln."

Der Kater war so erschrocken, plötzlich einen Löwen zu sehen, daß er auf den nächsten Dachbalken sprang und das Dach sicher erreichte. Die Stiefel jedoch hätten ihm dies beinahe unmöglich gemacht.

Als sich das Ungeheuer wieder zurückverwandelt hatte, kam der Kater herunter und leckte sein zerzaustes Fell.

„Mir wurde ebenfalls gesagt", fuhr der Kater fort, „daß du die Macht hast, die Gestalt von kleineren Tieren anzunehmen, und daß du dich in eine Ratte oder eine Maus verwandeln kannst. Ich finde es beinahe unmöglich, dieses zu glauben."

„Unmöglich? Warte ab und schau her!" rief das Ungeheuer. Und augenblicklich verwandelte er sich in eine Maus und begann, über den Fußboden zu laufen.

Sobald der Kater die Maus erblickte, stürzte er sich auf sie, fing und fraß sie auf!

In der Zwischenzeit erreichte der König das Schloß und wollte den Besitzer sprechen. Als der Kater das Rumpeln des Wagens hörte, der über die Zugbrücke rollte, kam er ihm entgegen und sagte zum König: „Eure Majestät, willkommen auf dem Schloß des Grafen von Carrabas."

„Was, der Herr Graf?!" rief der König. „Das Schloß

gehört dir auch?! Niemals habe ich etwas Schöneres gesehen, als diesen Innenhof und alle Gebäude drumherum. Laßt uns hineinschauen, bitte."

Der junge Mann reichte der Prinzessin die Hand und beide folgten dem König in einen großen Saal, in dem ein großartiges Essen serviert wurde. Das Ungeheuer hatte das Essen für seine Freunde anrichten lassen, die am gleichen Tag zu Besuch kommen wollten, sich aber nicht trauten, weil sie wußten, daß der König dort war.

Sowohl der König als auch seine Tochter waren von

den ausgezeichneten Eigenschaften des Grafen von Carrabas regelrecht beeindruckt. Nachdem sie nun auch noch das Vermögen des Grafen gesehen hatten, sagte der König schließlich zu ihm: „Falls du damit übereinstimmst, sehe ich wirklich keinen Grund, warum du nicht mein Schwiegersohn werden solltest, Herr Graf."

Der Graf verbeugte sich tief und nahm die Ehre an, die ihm der König erwies, und am gleichen Tag heiratete er die Prinzessin.

Der kluge Kater erhielt den Titel ‚Edelmann' und jagte nie wieder nach Mäusen, außer aus Spaß an der Freude.

Ende gut, alles gut

Ich möchte dir eine Geschichte erzählen, die ich hörte, als ich noch ein kleiner Junge war. Jedesmal, wenn ich das Ende der Geschichte erzähle, gefällt sie mir besser. Tatsächlich gibt es einige Geschichten, genauso wie einige Menschen, die werden mit dem Alter auch schöner.

Es waren einmal zwei sehr alte Bauernhöfe, die mit Gras und Moos bedeckte Strohdächer hatten. Jedes hatte ein Storchennest auf dem Dach. Die Wände lehnten sich zur linken und rechten Seite. Die Häuser hatten nur zwei oder drei niedrige Fenster, die alle bis auf eines klemmten. Der Ofen wölbte sich aus der

Wand wie ein fetter Bauch. Ein Geißblatt wuchs aus einer Hecke, und unter seinen Zweigen war ein Ententeich. Ein Wachhund bellte, wenn jemand vorbeikam.

In einer dieser Hütten lebte ein altes Ehepaar, ein Bauer und seine Frau. Sie besaßen fast nichts in dieser Welt, mit Ausnahme eines Pferdes, daß Gras aus dem Straßengraben fraß. Immer ritt der Bauer auf dem Pferd in die Stadt. Seine Nachbarn liehen sich oft das Pferd, und halfen dafür dem guten Mann mit verschiedenen Arbeiten. Allerdings dachte er, daß es besser sei, das Pferd loszuwerden. So entschloß er sich, es zu verkaufen oder für etwas einzutauschen, das ihnen wirklich nützlich sei, was auch immer.

„Etwas, was du mehr magst als jeder andere", sagte seine Frau. „Heute ist Markt in der Stadt. Reite mit dem Pferd dahin. Wenn du es verkaufst, wirst du einen Gewinn machen. Oder du tauschst es gegen etwas anderes ein. Alles, was du tun wirst, ist mir recht. Mach dich nun fertig und geh!"

Sie legte ihm einen wunderschönen Schal um den Hals und knotete ihn auf besondere Weise, glättete seinen Hut mit der flachen Hand und gab ihm einen dicken Kuß. Dann ritt er mit dem Pferd in die Stadt, um es zu verkaufen oder einzutauschen.

„Jawohl, der alte Mann ist sich seiner Sache sicher. Er versteht besser, Geschäfte zu machen, als jeder andere", sagte seine Frau, als sie ihm nachwinkte.

Die Sonne brannte, und der Himmel war wolkenlos. Der Wind wehte den Staub der Straße vor sich her. Alle Arten von Menschen beeilten sich, mit dem Wagen, mit dem Pferd oder zu Fuß in die Stadt zu kommen. Jedem war heiß, aber es war keine Gaststätte in der Nähe.

Einer dieser Menschen führte eine Kuh zum Markt, die sehr gesund aussah.

„Sie wird köstliche Milch geben!" dachte der Bauer. „Das wird ein großartiger Tausch sein - diese prächtige Kuh im Austausch für mein Pferd!"

Er rief: „He, du mit deiner Kuh! Ich habe dir ein Angebot zu machen. Ich weiß, daß ein Pferd mehr als eine Kuh kostet. Aber das ist mir egal. Eine Kuh bedeutet mir mehr als ein Pferd. Möchtest du deine Kuh gegen mein Pferd eintauschen?"

„Ich würde mich darüber freuen!" antwortete der Mann, und sie tauschten ihre Tiere aus.

Gut, das hatte sich erledigt. Der alte Bauer konnte nach Hause zurückkehren, denn er hatte sein Geschäft abgeschlossen, für das er unterwegs war. Aber weil er geplant hatte, den Markt zu sehen, entschloß er sich, in die Stadt zu gehen. Er setzte seinen Weg mit der Kuh fort. Und während er munter drauflosging, dauerte es nicht lange und er traf auf einen anderen Mann, der ein Schaf einer seltenen Rasse mit einer dicken Wolle bei sich hatte.

„Hier ist ein schönes Tier, daß ich gerne besitzen würde!" sprach der Bauer zu sich. „Ein Schaf wird alles Gras, was es braucht, entlang unserer Hecke finden. Während des Winters können wir es in das Haus

nehmen, sicherlich eine nette Abwechslung für meine gute Frau. Ein Schaf ist besser als eine Kuh."

Er rief zum Schafbesitzer: „Hallo, mein Freund, möchtest du mit mir tauschen?"

Der Mann brauchte nicht zweimal gefragt werden. Er beeilte sich, die Kuh zu nehmen und ließ das Schaf hinter sich zurück.

Der alte Bauer setzte seinen Weg mit dem Schaf fort. Kurze Zeit später sah er einen Mann, der eine lebendige Gans mit sich trug. Es war eine einmalig schöne und fette Gans, die du sonst nirgendwo finden kannst. Der alte Bauer bewunderte sie.

„Du hast aber ein feines Tier", sagte er, als er auf den Mann zuging. „Das ist eine besonders schöne Gans, und so richtig fett! Und solch schöne Federn!"

Der Bauer hatte nur noch diese Gans vor Augen! „Wenn sie auf unserm Bauernhof lebt, weiß meine gute Frau sicherlich einen Weg, sie noch fetter zu machen. Sie würde ihr Essensreste geben. Oh, wie groß sie werden würde! Ich erinnere mich, daß meine Frau regelmäßig sagt: ‚Ach wäre es doch gut, wenn wir eine Gans bei unseren Enten hätten!' Vielleicht ergibt sich gerade eine solche Möglichkeit!"

„Mein Freund, hör mir mal zu", sagte er. „Möchtest du mit mir tauschen? Nimm mein Schaf und gib mir dafür deine Gans. Ich möchte nichts weiter."

Dieser Mann brauchte nicht zweimal gefragt zu werden, und der alte Bauer besaß eine Gans. Mittlerweile näherte er sich der Stadt. Die Menschenmenge wurde dichter, und Männer und Tiere eilten die Straße entlang. Menschen liefen sogar in den Straßengräben, entlang der Feldhecken. Jeder drängte sich durch das Tor und wollte auf den Markt gelangen.

Der Steuereintreiber der Stadt hielt eine Henne hoch. Weil die Menschenmenge so groß war, hatte er sie auf einer Stange angebunden. Dadurch konnte sie nicht unruhig werden und weglaufen. Die Henne saß auf dem Tor, sträubte die gestutzten Flügel, zwinkerte mit den Augen wie ein boshaftes Tier und gackerte.

Dachte sie über etwas nach? Ich weiß nicht, aber als er sie bemerkte, fing der Bauer zu lachen an.

„Sie ist sogar noch schöner als die Zuchthenne vom Pastor", lachte er in sich hinein. „Und sie sieht so spaßig aus! Niemand konnte sie ansehen, ohne in Lachen auszubrechen! Du meine Güte! Ich würde mich freuen, sie zu besitzen. Ein Huhn ist ein Tier, das am einfachsten zu halten ist. Niemand braucht nach ihr zu schauen. Sie würde ihre Nahrung selber suchen, und Körner und Krümel vom Boden aufpicken. Ich denke, wenn ich meine Gans gegen sie eintauschen könnte, wäre das der perfekte Handel."

Er näherte sich dem Steuereintreiber. „Willst du mit mir tauschen?" sagte er und zeigte ihm seine Gans.

„Tauschen?" erwiederte der Mann. „Das wäre großartig!"

Der Steuereintreiber war mit der Gans zufrieden, und der Bauer nahm das Huhn. Auf dem ganzen Weg hatte der Bauer in der Tat einige Geschäfte abgewickelt. Jetzt war ihm heiß und er war müde. Und weil er etwas zum Trinken und zum Essen brauchte, ging er in eine Gaststätte. Ein Junge wollte gerade gehen. Er trug eine Tasche, die bis zum Rand gefüllt war.

„Was trägst du da?" fragte der Bauer.

„Eine Tasche voller Äpfel, Fallobst, das ich an die Schweine verfüttere", erwiderte der Junge.

„Wie bitte? Fallobst für Schweine? Was für eine große Verschwendung! Meine arme Frau bereitet großartige Sachen aus Fallobst zu. Sie wäre mit diesen Äpfeln überglücklich! Im letzten Jahr konnten wir von dem alten Apfelbaum neben der Scheune keinen einzigen Apfel ernten. Wir werden sie ins Regal tun und dort aufbewahren, bis sie reif sind. ‚Das ist ein Zeichen dafür, daß man sich wohlfühlt', sagt immer meine Frau. Was würde sie über eine Tasche voller Äpfel wohl sagen? Ich würde ihr gerne diese Freude bereiten."

„Gut, was gibst du mir im Tausch mit der Tasche?" fragte der Junge.

„Was ich dir dafür geben würde! Die Henne natürlich! Reicht das etwa nicht aus?!" fragte der Bauer.

Schnell tauschten sie ihre Sachen, der Bauer ging mit seiner Tasche in die Gaststätte, und setzte sie vorsichtig neben den Ofen. Dann bestellte er etwas zum Trinken. Der Ofen war heiß, was der Bauer aber nicht bemerkte.

Viele Menschen waren in dem Raum, Pferdehändler, Rinderzüchter und sogar zwei Reisende aus Frankreich. Die Franzosen waren so reich, daß ihre Taschen bis oben voller Goldstücke waren. Und sie wetteten für ihr Leben gern. Du wirst sehen!

Ssss-ssss! Plötzlich gab der Ofen fremde Laute von sich. Es waren aber die Äpfel, die zu kochen anfingen.

„Was ist das?" fragte einer der Franzosen.

„Nur meine Äpfel!" sagte der Bauer, und er erzählte den Franzosen die Geschichte von dem Pferd, das er gegen eine Kuh eingetauscht hatte, und so weiter..., bis er bei den Äpfeln angelangt war.

„Oh ja, deine Frau wird wütend werden, wenn du nach Hause kommst!" sagten sie.

„Niemals!" sagte der Bauer. „Sie wird mich

umarmen, egal, was geschieht. Und sie wird sagen: „Was der alte Mann tut, ist immer richtig. Ende gut, alles gut."'

„Möchtest du wetten?" fragten die Franzosen. „Wir wetten alles Gold, das du dir wünschst, hundert Pfund wert oder sogar hundert Kilogramm schwer."

Ein voller Ranzen wäre mir genug", erwiderte der Bauer. „Der einzige Gegenwert, den ich setzen kann, wäre meine Tasche voller Äpfel. Ich meine, das ist ein guter Gegenwert. Was denkt ihr darüber, meine Herren?"

„Gemacht! Wir gehen darauf ein!"

So entstand die Wette. Die drei Männer liehen sich den Wagen vom Gastwirt, stiegen ein und erreichten bald den kleinen ländlichen Bauernhof.

„Guten Abend, meine Liebste", sagte der Bauer, als er in die Hütte trat.

„Guten Abend, mein Liebling", erwiderte seine Frau.

„Ich habe das Pferd eingetauscht."

„Ah! Du weißt halt, wie Geschäfte gemacht werden", sagte die Frau, und sie umarmte ihn, ohne der Tasche voller Äpfel oder den Fremden Achtung zu schenken.

„Ich habe das Pferd gegen eine Kuh eingetauscht", sagte der Bauer.

„Das ist großartig! Wir werden gute Milch, Butter und Käse haben! Das ist ein wunderbarer Tausch", rief seine Frau."

„Ja, aber dann tauschte ich die Kuh gegen ein Schaf ein", fuhr der Bauer fort.

„Gut, das ist sogar noch besser", lächelte seine Frau. „Wir haben genug Gras, um das Schaf zu füttern. Und es gibt uns ebenfalls Milch, ich liebe Schafskäse. Und außerdem habe ich Wolle, um Socken und schöne, warme Jacken zu stricken. Nie würden wir alle diese Sachen von einer Kuh bekommen. Du denkst wirklich an alles!"

„Das ist noch nicht alles, meine Liebste. Ich habe

dieses Schaf gegen eine Gans eingetauscht."

„Das ist gut so, wir werden einen köstlichen Gänsebraten zum diesjährigen Weihnachtsfest haben! Mein lieber Mann, du denkst immer darüber nach, was mir am besten gefällt. Gut gemacht! Bis zum Weihnachtsfest haben wir genügend Zeit, sie rund und fett zu bekommen."

„Ich habe diese Gans nicht länger, denn im Tausch dafür nahm ich eine Henne", sagte der Bauer.

„Eine Henne ist wertvoll", nickte seine Frau. „Eine Henne legt Eier, brütet sie aus. Und kleine Küken schlüpfen, wachsen heran, und bald haben wir Geflügel. Ein richtiger Bauernhof war schon immer

mein Traum."

„Sie ist aber nicht mehr da, liebe Frau. Ich tauschte sie gegen eine Tasche heruntergefallener Äpfel ein", endete der Bauer.

„Wirklich, ist das wahr?" erwiderte sie aufgeregt. „Jetzt muß ich dich aber wirklich küssen, mein lieber Mann! Möchtest du hören, was heute morgen geschah? Du warst gerade fort, und ich begann darüber nachzudenken, was ich dir zum Abendessen machen könnte. Eier mit Butter und Zwiebeln war mein Gedanke. Gut, ich hatte Eier und Butter, aber ich hatte keine Zwiebeln.

Daher ging ich zum Schulleiter, denn sie wachsen in seinem Garten. Und ich sprach zu seiner Frau. Obwohl sie so nett aussieht, weißt du ja, wie gemein sie sein kann. Ich bettelte sie darum, mir eine Handvoll Zwiebeln zu borgen. ‚Borgen!' rief sie. ‚Wir haben gar nichts in unserem Garten wachsen, keine Zwiebeln, nicht einmal Fallobst. Es tut mir wirklich sehr leid, meine Frau Nachbarin.'

„So ging ich wieder nach Hause. Morgen werde ich ihr das Fallobst überreichen, das sie ja nicht besitzt. Und ich werde ihr die ganze Tasche geben! Bestimmt wird sie darüber empört sein! Ich kann mir ihr Gesicht schon gut vorstellen!"

Sie legte ihrem Mann die Arme um den Hals und gab ihm schmatzend Küsse, so als ob sie ein Kind

küssen würde.

„Gut! Gut!" sagten die beiden Franzosen. „Der Wert der Wette war keine Sekunde in Gefahr. Ich bin davon überzeugt, daß du die Wette gewonnen hast, mein Freund!"

Sie gaben dem Bauern einen Ranzen voll Gold. Nach dem ganzen Handel freute sich seine Frau über das Gold um so mehr. Und der Mann war auf einmal so reich, als hätte er sein Pferd für den zehnfachen oder dreißigfachen Wert verkauft.

Das ist die Geschichte, die mir erzählt wurde, als ich noch ein kleines Kind war. Es schien mir eine sehr einsichtige Geschichte zu sein. Jetzt weißt auch du Bescheid und wirst hoffentlich niemals vergessen: „Was der alte Mann tut, ist immer richtig. Ende gut, alles gut!"

Die Prinzessin auf der Erbse

Es war einmal ein Prinz, der wollte eine Prinzessin heiraten. Sie sollte aber eine echte Prinzessin sein. Deshalb reiste er um die ganze Welt, um sie zu finden. Es gab eine große Anzahl von Prinzessinnen. Aber immer wieder war mit ihnen etwas nicht ganz in Ordnung. Schließlich kehrte er sehr unglücklich wieder nach Hause zurück. Er konnte das nicht finden, wonach er suchte.

Eines Abends gab es einen fürchterlichen Sturm mit Blitz und Donner. Es regnete in Strömen. Man konnte

sich regelrecht fürchten! Plötzlich hörte der König ein lautes Klopfen an der Schloßtüre und eilte, um die Tür zu öffnen.

Auf der Türschwelle stand eine Prinzessin. Aber was für ein Anblick! Sie war völlig durchnäßt. Das Wasser lief ihr das Haar und an ihrem Kleid herunter und in ihre Schuhe und an der Spitze der Schuhe wieder heraus. Aber trotzdem bestand sie darauf, daß sie eine waschechte Prinzessin sei.

„Das werden wir bald herausfinden!" dachte die Königin, als sie das durchnässte Mädchen anschaute. Sie sagte nichts, aber ging, um das Schlafzimmer für den unerwarteten Gast vorzubereiten. Sie zog das ganze Bettzeug weg und legte eine Erbse ins Bett. Dann nahm sie zwanzig Matratzen und legte sie auf die Erbse. Darauf legte sie zwanzig Daunendecken.

Schließlich zeigte die Königin der Prinzessin, wo sie die Nacht über schlafen konnte, und das Mädchen kletterte dankbar hinein.

Der König und die Königin fragten am nächsten Morgen das Mädchen, wie sie geschlafen hätte.

„Oh, sehr schlecht!" sagte sie, „Ich habe meine Augen die ganze lange Nacht kaum zumachen können! Wer weiß, was da im Bett war? Irgendetwas sehr Hartes! Jetzt bin ich überall grün und blau."

Durch diese Antwort wußte die Königin, daß sie eine echte Prinzessin war. Nur eine Prinzessin würde empfindlich genug sein, eine Erbse unter zwanzig Matratzen und zwanzig Daunendecken zu spüren.

Endlich hatte der Prinz seine echte Prinzessin gefunden, die er heiratete. Die Erbse aber wurde in einem Museum ausgestellt, wo man sie noch heute besichtigen kann - wenn sie nicht gestohlen wurde.

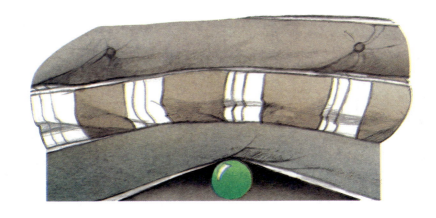

Die Schöne und das Biest

Es war einmal ein reicher Kaufmann. Er hatte sechs Kinder, drei Jungen und drei Mädchen.

Alle seine Töchter waren sehr schön, aber die jüngste war bei weitem die schönste. Jeder nannte sie die Schöne, weil der Name zu ihr paßte. Das ließ ihre Schwestern vor Neid grün werden. Und falls das nicht ausgereicht hätte, sie war auch noch die Klügste unter den Schwestern.

Eines Tages verlor der Kaufmann alles, was er besaß, außer einer kleinen Hütte, die entlegen von der Stadt war. Voller Tränen erzählte er seinen Kindern, daß sie zur Hütte umziehen und obendrein von nun an noch

ihren Lebensunterhalt durch Landwirtschaft verdienen müßten.

Dann zogen sie in die Hütte, und der Kaufmann und seine drei Söhne lernten, als Bauern den Acker zu bearbeiten.

Jeden Morgen um vier Uhr wachte die Schöne auf. Dann stand sie auf und beeilte sich, das Haus zu reinigen und Frühstück für die Familie vorzubereiten. Wenn sie damit fertig war, verbrachte sie ihre Zeit mit Lesen, Cembalo spielen oder Singen.

Im Gegensatz zu ihr langweilten sich ihre Schwestern immer wieder. Sie wachten morgens erst um zehn Uhr auf, und dann machten sie lange Spaziergänge und verbrachten die Zeit damit, über alle ihre Freunde und schönen Kleider zu sprechen, die sie früher hatten. Immer wieder schauten sie spöttisch und voller Neid auf die Schöne und ihre Art, sich auch über kleine Dinge zu freuen.

„Schau auf unsere kleine Schwester", sagten sie zueinander. „Sie ist so dumm, daß sie sogar mit ihrer Not zufrieden ist."

Als sie schon ein Jahr in der Hütte wohnten, erhielt der Kaufmann einen Brief. Jemand schrieb ihm über ein Schiff, daß ihn glücklich machen werde. In aller Eile bereitete er sich auf die lange Reise zum Hafen vor.

Die beiden älteren Schwestern wurden durch die gute Nachricht ganz aufgeregt. Als ihr Vater gehen wollte,

tanzten sie um ihn herum und bettelten ihn darum, daß er ihnen neue Kleider und verschiedene andere Geschenke mitbringen sollte. Die Schöne aber sagte gar nichts.

„Ich soll dir etwa nichts mitbringen?" fragte der Vater.

„Es gibt nichts, was ich wirklich brauche", sagte sie, „aber wenn du schon einmal so freundlich fragst, würdest du mir dann bitte eine Rose mitbringen, wenn du eine auf deiner Reise siehst? In dieser Gegend gibt es keine Rosenbüsche. Deshalb habe ich sie auch schon sehr vermißt, seit wir hier wohnen."

Dann machte sich ihr Vater auf den Weg. Aber als er am Hafen ankam, fand er heraus, das die Schiffsladung wertlos war. So mußte er nach Hause zurückkehren, arm wie er zuvor gewesen war.

Traurig begann er seine lange Rückreise. Er war enttäuscht darüber, daß er kein einziges Geschenk für seine Kinder mitbringen konnte.

Als er nur noch etwa 50 Kilometer von zu Hause entfernt war, geschah das Unglück. Während er durch einen riesigen Wald ritt, verpaßte er den Weg und verirrte sich. Es begann heftig zu schneien. Der Wind war so stark, daß er zweimal vom Pferd fiel. Als es dämmerte, wurde ihm klar, daß er entweder verhungern, erfrieren oder von den heulenden Wölfen gefressen würde.

Plötzlich sah er ein Licht am Ende einer langen Allee. Es schien noch wirklich weit entfernt zu sein, aber schon allein der Gedanke an eine Unterkunft gab dem Kaufmann noch einmal die letzte Kraft.

Als er darauf zuging, sah er einen hellerleuchteten Palast. Erstaunt ging er durch das Tor. Der Innenhof war völlig leer.

Sein Pferd, das ihm gefolgt war, sah einen leeren Stall und ging hinein. Das frierende und hungrige Tier fand etwas Heu und Hafer, und begann, es gierig zu fressen. Der Kaufmann ging unterdessen auf das Haus zu.

Noch immer fand er niemand, doch als er in einen großen Saal kam, fand er ein warmes Kaminfeuer und einen mit vielerlei Essen gedeckten Tisch. Gedeckt war nur für eine Person.

Der Kaufmann war bis auf die Haut durchnäßt. Deshalb nahm er erst einmal am Kaminfeuer Platz.

„Der Herr des Hauses wird mir verzeihen, wenn ich es mir gemütlich mache", dachte er. „Vielleicht wird er bald kommen. Dann kann ich ihm alles erklären."

Er wartete eine geraume Zeit. Doch als immer noch niemand kam, es aber schon elf Uhr wurde, konnte er dem Hunger nicht mehr widerstehen, nahm sich ein Hühnchen, und verschlang es in zwei Bissen. Dann trank er zwei Gläser Wein, die ihn sehr müde machten.

Er verließ den Saal und ging durch viele große Gänge, die alle prächtig dekoriert waren. Am Ende eines Ganges fand er ein Schlafzimmer, in dem ein komfortables Bett stand. Es war für den Mann viel zu groß, aber ohne weiterzudenken, warf er sich auf das Bett und fiel in einen tiefen Schlaf.

Der Kaufmann hatte einen guten Schlaf, und wachte erst auf, als es am nächsten Morgen zehn Uhr war. Als er aufstand und nach seinen Kleidern schaute, war er sehr überrascht. Jemand hatte sie durch nagelneue Kleidung ersetzt.

Nach einem großartigen Frühstück ging er zu seinem Pferd nach draußen.

Auf dem Weg dorthin ging er durch einen mit Rosen umrankten Bogen. Er erinnerte sich, worum ihn die Schöne gebeten hatte, und brach einen Zweig mit einigen Blüten ab.

„Schließlich hat wenigstens eins meiner Kinder doch noch ein Geschenk", lächelte er.

Plötzlich hörte er einen fürchterlichen Lärm und sah ein Biest, das auf ihn zukam. Es war so schrecklich, daß er beinahe ohnmächtig wurde.

„Du undankbares Wesen", brüllte das Biest. „Ich rettete dein Leben, indem ich dich in meinen Palast ließ, und du belohnst mich dadurch, daß du meine Rosen stiehlst, die ich über alles in der Welt liebe. Jetzt wirst du sterben!"

Der Kaufmann fiel auf seine Knie und flehte das Biest an, es solle ihm kein Leid antun.

„Vergib mir, Herr! Ich dachte nicht, daß ich dich beleidigen könnte, wenn ich eine Rose für eine meiner Töchter nehme. Sie wünscht sich eine Rose von ganzem Herzen".

„Ruf mich nicht Herr. Jeder kennt mich nur als das Biest", sagte das Wesen. „Ich ziehe es vor, wenn Menschen das sagen, was sie denken. Deshalb denke nicht, daß deine Schmeicheleien etwas ändern können.

Wie auch immer, ich vergebe dir unter der Bedingung, daß eine deiner Töchter freiwillig

hierherkommt, und für dich stirbt. Sollte es aber eine deiner Töchter ablehnen, für dich zu sterben, mußt du innerhalb von drei Monaten zurückkommen und deine Strafe erhalten."

Der Mann hatte nicht die Absicht, eine seiner Töchter für das böse Ungeheuer zu opfern. Aber er sprach zu sich selbst: „Wenigstens habe ich die Möglichkeit, sie noch einmal zu umarmen, bevor ich sterbe."

Deshalb versprach er, zurückzukommen, griff sein Pferd am Zaumzeug und verließ den Palast.

Einige Stunden später kam der Mann zu Hause an, müde und traurig.

Seine Kinder rannten ihm mit offenen Armen entgegen. Der Kaufmann aber sah sie mit Tränen in den Augen an. In seiner Hand hielt er den Rosenzweig, den er der Schönen mitgebracht hatte.

Er gab ihn ihr und sagte: „Nimm diese Rosen! Dein unglücklicher Vater hat dafür in der Tat einen großen Preis bezahlt."

Dann erzählte er seiner Familie von der wertlosen Schiffsladung, dem prächtigen Palast und dem Unglück, das ihm widerfuhr.

Nachdem die zwei älteren Töchter diese Geschichte gehört hatten, fingen sie zu weinen an.

Aber die Schöne sprach: „Unser Vater braucht nicht

sterben. Ich werde mich dem Biest in seinem Palast freiwillig ausliefern."

„Nein, Schwester!", sagten ihre drei Brüder. „Wir werden das Ungeheuer aufspüren und töten. Sicher werden wir drei gegen ihn ankommen."

„Meine Kinder", sagte der Kaufmann, „dieses Biest ist selbst für euch zu mächtig. Außerdem rettete das Biest mein Leben, obwohl er es mir jetzt nehmen will. Ich gab ihm mein Wort. Ich bin alt und bedaure es nicht, die letzten Jahre meines Lebens zu verlieren. Danke! Meine lieben Kinder."

„Ich versichere dir, mein Vater, du wirst nicht ohne mich zum Palast gehen", sagte die Schöne. „Du kannst mich nicht davon abbringen, dir zu folgen. Lieber werde ich vom Biest gefressen, als daß ich am gebrochenen Herzen sterbe, wenn ich dich verliere."

Ihr Vater und ihre Brüder bettelten und flehten sie an, aber gar nichts konnte ihre Meinung ändern.

Die beiden älteren Schwestern rieben sich die Augen mit Zwiebeln und taten dadurch so, als ob sie weinten, als ihr Vater und die Schöne die Hütte verließen. Auch ihr Vater und die Brüder weinten, nur die Schöne weinte nicht, weil sie nicht wollte, daß sich ihre Familie noch miserabler fühlte.

Sie ritten auf dem Pferd zum Palast, und als es dunkel wurde, war er so hell beleuchtet, wie beim ersten Mal.

Das Pferd fand eine Unterkunft im Stall, der Mann aber und seine Tochter traten ein in den großen Saal, wo sie einen prächtig gedeckten Tisch vorfanden, für zwei Personen gedeckt.

Die Schöne dachte bei sich: „Das Biest macht mich fett, bevor es mich frißt."

Nach dem Abendessen hörten sie ein mächtiges Gebrüll. Als die Schöne das Ungeheuer sah, konnte sie sich kaum davor hüten, vor Schreck ohnmächtig zu werden. Aber sie versuchte, ihre Furcht unter Kontrolle zu bringen. Als das Biest fragte, ob sie freiwillig gekommen wäre, antwortete sie ihm mit zitternder Stimme, daß sie es sei.

„Du bist sehr liebenswürdig", sagte das Biest, „und ich zeige mich erkenntlich, daß du dich entschieden hast, zu kommen."

Dann drehte es sich zum Mann um und sagte ihm: „Sag ‚Auf Wiedersehen' zu deiner Tochter. Du wirst morgen früh gehen und nie wieder zurückkehren. Gute Nacht, Schöne!"

„Gute Nacht, Biest", antwortete sie, und das Ungeheuer verschwand.

Während sie in jener Nacht schlief, träumte die Schöne von einer Fee, die ihr sagte: „Ich mag und bewundere dein gutmütiges Herz, Schöne. Du wirst für diese gute Tat, die du getan hast, belohnt."

Als die Schöne aufwachte, erzählte sie ihrem Vater von dem Traum. Obwohl ihn das ein wenig tröstete, konnte es ihn nicht davon zurückhalten, bitterlich zu weinen, als er seine Tochter verlassen mußte.

Als er fort war, setzte sich die Schöne in den großen Saal und begann zu weinen. Sie dachte daran, daß das Biest sie mit Sicherheit noch in jener Nacht essen würde. Als sie sich beruhigt hatte, entschied sie sich, den Palast auszukundschaften.

Sie war völlig überrascht, als sie an eine Tür mit der Aufschrift ‚Das Zimmer für die Schöne' trat. Sie öffnete die Tür und war von dem beeindruckt, was sie sah: Eine große Bücherei, ein Cembalo und verschiedene Bücher über Musik.

Auf einem Regal war ein Buch mit goldener Schrift: ‚Wünsch und befiehl! Hier bist du Königin und Herrin.'

„Ach!" seufzte sie. „Ich wünsche mir nur, ich könnte meinen armen Vater sehen. Ich möchte wissen, was er in diesem Augenblick tut."

Zu ihrer Überraschung sah sie im Spiegel eine Vision, wie ihr Vater zu Hause ankam und sehr traurig war. Viel zu schnell verschwand die Vision, die Schöne aber fürchtete sich nicht mehr darüber, daß das Biest sie noch fressen würde.

Zum Mittagessen war der Tisch wieder für sie gedeckt. Während des Essens konnte sie wunderschöne Musik hören, obwohl sie niemand sah, der die Musik spielte.

Am Nachmittag wanderte die Schöne durch den Garten des Palastes, und fühlte sich geborgen. Als sie aber am Abend zu Tische saß, hörte sie, wie das Biest lärmend eintrat. Sie begann zu zittern.

„Schöne! Macht es dir was aus, wenn ich dir beim Essen zuschaue?" fragte es.

„Du bist hier der Herr", sagte die Schöne mit zitternder Stimme.

„Ja, das stimmt! Aber du bist hier die einzige Herrin", versicherte das Biest. „Du brauchst mir nur zu sagen, wenn ich dich langweile, und ich gehe sofort. Sag mir, denkst du nicht auch, daß ich sehr häßlich aussehe?"

„Ich gebe zu, das stimmt. Denn ich kann nicht lügen", sagte die Schöne. „Aber ich denke, daß du sehr gutmütig bist."

„Das ändert aber nichts daran, daß ich schrecklich häßlich aussehe", sagte das Ungeheuer. „Ich weiß nur zu gut, daß ich ein Biest bin."

„Man ist nur dann ein Biest, wenn man es denkt", versicherte ihm die Schöne freundlich. „Nur Dummköpfen ist dies nicht bewußt."

„Freu dich am Essen, Schöne", sagte das Ungeheuer. „Alles in diesem Haus gehört dir. Ich bin traurig, wenn du unglücklich bist."

„Du bist sehr gutmütig", antwortete die Schöne, „ich begrüße deine Großzügigkeit."

„Oh ja, Schöne!" antwortete das Biest. „Ich habe ein gutes Herz, dennoch bin ich ein Ungeheuer."

Die Schöne freute sich über das gute Essen. Sie fürchtete sich nicht mehr länger vor dem Ungeheuer, aber sie war sehr erschrocken, als es plötzlich fragte: „Schöne, willst du mich heiraten?"

Sie hielt einen Moment inne, bevor sie ihm antwortete. Sie fürchtete, daß das Ungeheuer böse wird, sollte sie das Angebot ablehnen.

Schließlich sagte sie mit zitternder Stimme: „Nein, Biest!"

Das arme Ungeheuer wollte seufzen. Statt dessen

aber fauchte es schrecklich laut, und das Echo hallte durch den ganzen Palast.

Dann sagte es traurig: „Gute Nacht, Schöne!"

Es verließ den Saal und schaute noch einmal über seine Schulter zurück, bevor es die Tür schloß.

Die Schöne fühlte Mitleid mit dem armen Biest.

„Ach!" sagte sie. „Es ist so gutmütig, aber ich kann kein Biest lieben."

Die Schöne verbrachte drei sehr glückliche Monate im Palast. Jeden Abend besuchte das Biest die Schöne und sprach mit ihr, während sie aß.

Jeden Tag entdeckte die Schöne neue Werte im Ungeheuer, und sie wurde beinahe liebevoll zu ihm.

Nur eine Sache erschreckte sie. Jeden Abend, bevor das Ungeheuer zu Bett ging, fragte es sie immer, ob sie seine Frau werden würde. Und jedesmal schien es voller Leid zu sein, wenn sie seine Frage verneinte.

Eines Tages sagte sie zu ihm: „Du stimmst mich traurig, Biest. Ich möchte immer dein Freund sein, aber ich werde dich niemals heiraten können."

„Wenn das so sein muß, wie es ist", sagte das Biest, „dann verdiene ich, was ich bekomme. Ich weiß nur zu gut, daß ich schrecklich aussehe. Aber trotzdem, versprich mir, daß du mich nie verläßt."

Diese Worte machten die Schöne verlegen. Sie vermißte ihren Vater über alles. Und obwohl sie ihren Vater jederzeit als Vision im Spiegel sehen konnte, wünschte sie sich von Herzen, ihn wiederzusehen. Sie wollte ihm versichern, daß sie lebte und es ihr gut ging. Außerdem konnte sie immer sehen, wie sehr er sie vermißte.

„Ich könnte dir wohl versprechen, dich niemals zu verlassen, aber ich möchte meinen Vater so gerne noch einmal sehen. Ich würde an einem gebrochenen Herzen sterben, solltest du mir diesen Wunsch verwehren", sagte die Schöne.

„Ich würde eher selbst sterben, als dich unglücklich

machen", erwiderte das Ungeheuer. „Sende ich dich aber zu deinem Vater, bleibst du dort, und dein armes Biest stirbt an einem gebrochenen Herzen."

„Nein!" antwortete die Schöne. „Ich verspreche dir, daß ich nach einer Woche zurückkomme. Dein Spiegel zeigte mir, daß meine Schwestern verheiratet und alle meine Brüder jetzt Soldaten sind. Mein Vater ist sehr allein, deshalb erlaube mir, ihn für eine Woche zu besuchen."

„Du wirst morgen dort sein", sagte das Biest und gab ihr einen Ring mit einer Perle. „Denk an dein Versprechen. Wenn du zurückkommen möchtest, lege diesen magischen Ring auf den Tisch und geh schlafen. Lebewohl, Schöne!"

Nachdem er dies sagte, säufzte das Biest wie üblich. Die Schöne ging traurig schlafen, und fühlte sich schuldig, daß sie seine Gefühle verletzt hatte.

Als sie am nächsten Morgen aufwachte, war sie in der Hütte ihres Vaters. Er war überglücklich, als er seine süße Tochter wiedersah, und sie umarmten sich lange.

Als die Schwestern der Schönen von der Nachricht hörten, eilten sie mit ihren Ehemännern zur Hütte. Als sie merkten, daß die Schöne wie eine Prinzessin gekleidet war und noch viel schöner aussah, wurden die Schwestern wütend.

Die Schöne war sehr zuvorkommend zu ihnen, aber

nichts konnte sie von ihrer Eifersucht abhalten.

Die älteren Schwestern grollten gemeinsam im Garten.

„Hör zu, meine Schwester", sagte die älteste. „Ich habe eine Idee. Wir versuchen, daß sie länger als eine Woche hierbleibt. Ihr dummes Biest wird dann ärgerlich, weil sie ihr Versprechen nicht gehalten hat. Und vielleicht zerreißt er sie in Stücke."

„Du hast recht. meine Schwester", antwortete die andere. „Laß uns sehr freundlich zu ihr sein."

Als die Woche vergangen war, bettelten sie die

Schöne so freundlich, noch länger zu bleiben, daß die Schöne ihnen versprach, noch eine weitere Woche zu bleiben.

Doch die Schöne machte sich Vorwürfe, daß das arme Biest nun trauern würde. In der Tat fand sie sogar, daß sie seine Gemeinschaft vermißte.

Als sie die zehnte Nacht in der Hütte ihres Vaters verbrachte, träumte sie davon, daß sie im Garten des Palastes war. Sie sah das Biest ausgestreckt auf dem Gras liegen und an einem gebrochenen Herzen sterben, weil sie nicht wieder zu ihm zurückkam.

Die Schöne wachte erschrocken auf und begann zu weinen.

„Wie kann ich nur das Herz eines Biestes brechen, wo es doch so nett zu mir ist!" schluchzte sie. „Ist es etwa Schuld daran, daß es so häßlich aussieht und keine Hoffnung hat? Es ist gutmütig, und das überwiegt alles andere. Ich könnte mir niemals verzeihen, wenn es wegen meiner Undankbarkeit stirbt."

Und die Schöne stand auf, legte ihren magischen Ring auf den Tisch und ging wieder schlafen.

Als sie am nächsten Morgen aufwachte, war sie erfreut zu sehen, daß sie wieder im Palast vom Biest war.

Sie zog sich schnell an und wartete den ganzen Tag auf das Biest. Sie wartete und wartete, bis es neun Uhr schlug, aber das Biest erschien nicht.

Die Schöne fürchtete nun das Schlimmste. Sie rannte durch den ganzen Palast und suchte verzweifelt nach dem Biest. Nachdem sie überall gesucht hatte, erinnerte sie sich plötzlich an ihren Traum. Sofort rannte sie hinaus in den Garten, wo sie es im Traum liegen sah.

Dort fand sie das Biest besinnungslos am Boden liegen, und sie dachte, daß es tot sei.

Ohne an seine Häßlichkeit zu denken, warf sie sich auf ihn und hörte sein Herz immer noch schlagen, aber sehr schwach. Dann nahm sie etwas Wasser aus dem Teich und goß es über sein Gesicht.

Endlich öffnete das Biest seine Augen und sagte: „Du hast dein Versprechen nicht gehalten, Schöne! Aber weil ich dich noch einmal sehen konnte, kann ich friedlich sterben."

Wieder schloß es seine Augen. Die Schöne aber streichelte ihm die Stirn.

„Nein, mein liebes Biest, du wirst nicht sterben!" sagte sie. „Du wirst leben und mein Ehemann werden. In diesem Moment gebe ich dir meine Hand, und wir heiraten. Ich verspreche, daß ich dich nie wieder verlasse. Der Schmerz, den ich fühlte, als ich dich nicht finden konnte, machte mir deutlich, daß ich dich wirklich liebe und daß ich nicht ohne dich leben könnte."

Die Schöne schaute ihr liebes Biest an. Doch, was für

eine Überraschung! Das Biest war verschwunden und zu ihren Füßen fand sie den schönsten Prinzen, den sie jemals gesehen hatte.

Er stand auf und reckte sich. Dann bedankte er sich bei ihr, daß sie seinen Zauber brach.

Obwohl sie nur noch Augen für den Prinzen hatte, konnte sie sich nicht zurückhalten, ihn nach dem Biest zu fragen.

„Du siehst es vor dir stehen", sagte der Prinz zu ihr. „Eine böse Fee verwandelte mich in ein Biest. Und sie ließ mich warten, bis ein wunderschönes Mädchen damit einverstanden war, mich freiwillig zu heiraten. Während ich unter dem Zauber stand, war es mir verboten, irgendeinem Mädchen die wahre Geschichte zu erzählen. Es war hoffnungslos. Denn wer würde schon ein fürchterliches Biest heiraten?

Du warst die Einzige in der Welt mit einem gutmütigen Herzen. Und du gabst mir Gelegenheit, dir meine Gutmütigkeit und meinen aufrichtigen Charakter zu zeigen. Und indem ich dir meine Krone anbiete, zeige ich dir jetzt auch meine Dankbarkeit und Aufrichtigkeit. Du weißt schon lange, daß ich dich liebe."

Die verwunderte Schöne nahm den schönen Prinzen an der Hand, und beide gingen gemeinsam in den Palast. Die Schöne war glücklicher als je zuvor, als sie ihren Vater und den Rest der Familie in dem großen Saal sah.

Die Fee, die ihr im Traum erschienen war, hatte sie zum Palast gebracht. Sie lächelte ebenfalls.

„Schöne, endlich hast du die Belohnung dafür bekommen, daß du die richtige Entscheidung getroffen hast", sagte die gute Fee. „Du hast die Tugend über die Schönheit gestellt, und deshalb verdienst du diesen Prinz, der auch solche Eigenschaften besitzt. Du wirst eine große Königin, und ich habe keinen Zweifel, daß du weise und gut regierst."

Dann drehte sich die Fee zu den beiden Schwestern von der Schönen.

„Ich weiß, daß ihr böse Herzen habt", sagte sie. „Ihr werdet zwei steinerne Standbilder sein und am Tor zum Palast eurer Schwester stehen. Alles, was ihr jeden Tag zu tun habt, ist, Zeugen ihrer Fröhlichkeit zu sein. Und ihr werdet dort solange stehen, bis ihr eure Fehler bereut.

Wie auch immer, ich fürchte, daß ihr für eine sehr lange Zeit dort stehen werdet."

Noch am gleichen Tag heiratete der Prinz, der einmal ein Biest war, die Schöne. Sie lebte mit ihm für immer in vollständiger Harmonie in dem Palast. Die Liebe als höchste Tugend wurde zum Bestandteil dieses Märchens.

Des Kaisers neue Kleider

Es war einmal vor vielen Jahren ein mächtiger Kaiser, der gab so gerne sein ganzes Geld für neue Kleidung aus. Täglich wechselte er zu jeder Stunde seine Kleidung.

Ob er seine Soldaten musterte, ins Theater oder spazierenging, er tat es in Wirklichkeit nur, um seine neuen Kleider vorzuführen.

Dank der vielen Touristen, die die Hauptstadt besuchten, hatte sie ein recht lebhaftes Zentrum. Eines Tages kamen zwei Diebe in die Stadt. Sie wußten um die Leidenschaft des Kaisers für neue Kleider. So

verbreiteten sie die Geschichte, daß sie Weber waren und Bescheid wußten, wie die prächtigsten Kleider der Welt gewebt wurden. Die Farben und Schnittmuster waren ausgesprochen schön, aber die Kleidungsstücke aus diesem Material waren verzaubert. Sie waren für alle die Personen unsichtbar, die ihre Arbeit nicht richtig versahen oder dumm waren.

„Diese Kleider sind preislos", dachte der Kaiser. „Hätte ich einen Anzug aus diesem Material, würde ich sofort wissen, welche Männer in meiner Regierung ihre Arbeit nicht richtig ausführen. Dann kann ich weise Männer von den törichten unterscheiden. Ich brauche unbedingt diese Kleider."

Er bezahlte die Diebe mit sehr viel Geld und bat sie, ihre Arbeit sofort zu beginnen.

Diese stellten zwei Webstühle auf und taten, als ob sie weben würden. Dabei war aber gar nichts zu sehen. Sie fragten andauernd nach dem besten Garn aus Seide und Gold. In Wirklichkeit aber versteckten sie alles in ihren eigenen Taschen und taten nur so, als ob sie bis lange in die Nacht an den leeren Webstühlen arbeiten würden.

„Ich würde gerne wissen, wie weit sie mit meinen Kleidern sind", dachte der Kaiser einige Tage später. Er fürchtete sich aber ein wenig, weil er sich daran erinnerte, daß jeder, der dumm war oder seine Arbeit

nicht richtig tat, die Kleider nicht sehen konnte. Er war sich im Klaren darüber, daß er sich nicht fürchten brauchte. Trotzdem entschloß er sich, daß es besser sei, jemand anders zum Anschauen des Kleiderstoffes zu schicken.

„Ich schicke meinen alten und glaubwürdigen Minister zu den Webern", entschloß sich der Kaiser. „Er ist die geeignete Person, um den Kleiderstoff zu prüfen. Und er ist vor allen Dingen ein intelligenter Mann, der seine Arbeit versteht."

So ging der alte und ehrbare Minister in den Raum, wo die beiden Gauner an den leeren Webstühlen arbeiteten.

„Oh du meine Güte", dachte er, als er hinschaute. Und obwohl er seine Augen weit öffnete, konnte er nichts entdecken.

Aber der Minister schwieg darüber.

Die zwei Weber winkten ihn näher heran und fragten ihn, indem sie zu ihren Webstühlen zeigten, was er vom Entwurf und den Farben halte. Der alte Mann starrte sie von der Nähe aus an, konnte aber nichts entdecken. Der einfache Grund dafür war, daß da nichts zu sehen war!

„Oh du meine Güte!" dachte er. „Bin ich wirklich so dumm? Bin ich etwa für meine Arbeit nicht tauglich? Dies darf niemand herausfinden. Ich traue mich gar nicht

zuzugeben, daß ich den Stoff nicht sehen kann. Oh wie schön und entzückend sie doch aussehen!" sagte der Minister laut, als er sich die Brille aufsetzte. „Dieser Entwurf und solche Farben… ja, ich erzähle dem Kaiser, daß mir diese Arbeit gefällt."

„Wir freuen uns zu hören, daß du so denkst", sagten die zwei Weber und lachten herzhaft.

Dann fragten die Schwindler nach mehr Geld, und Seiden- und Goldgarn. Denn sie brauchen viel für diese Kleidung, was sie wenigstens behaupteten. Doch wiederum steckten sie alles in ihre eigenen Taschen. Die

Webstühle blieben leer, und sie taten wieder nur so, als ob sie arbeiteten.

Bald danach schickte der Kaiser einen anderen Hofangestellten, der den Kleiderstoff mustern sollte. Das Gleiche geschah nun auch mit ihm, er starrte und starrte ihn sehr lange an, konnte aber nichts sehen.

„Ist dieser Stoff nicht wunderschön?" fragten die zwei Diebe, während sie mit der Hand über den einmaligen Entwurf und die schönen Farben strichen, was aber nicht vorhanden war.

„Ich bin wirklich nicht dumm!" dachte der Mann.

„Meint das aber nun, daß ich meine Arbeit nicht gut genug mache? Das ist trickreich. Ich muß sehr vorsichtig sein, damit das niemand herausfindet."

So lobte er die Arbeit und versicherte ihnen, wie erfreut und zufrieden er mit der Auswahl der Farben und Muster war.

„Kein Kleidungsstück war je zuvor so schön", erzählte er dem Kaiser, und jeder sprach von dem prächtigen Kleidungsstoff.

Schließlich entschloß sich auch der Kaiser, hinzugehen und die Kleidung anzuschauen, solange sie noch auf den Webstühlen war. Er wurde von vielen ausgewählten Männern begleitet. Unter ihnen waren auch die beiden Männer, die er zuvor hingeschickt hatte. Als sie die listigen Diebe besuchten, saßen diese an ihren Webstühlen und taten geschäftig, indem sie mit Nichts webten.

„Ist das nicht großartig?" sagten die beiden Männer, die jene Arbeit schon einmal sahen. „Der Entwurf und diese Farben stehen Eurer Majestät gut!" sagten sie und zeigten dabei auf die leeren Webstühle.

„Was ist los?" fragte sich der Kaiser im Stillen. „Ich sehe absolut nichts! Das ist ja schrecklich! Bin ich etwa dumm und zum Regieren nicht fähig? Das ist wirklich das Schlimmste, was mir je passieren konnte."

Dann sagte er plötzlich mit lauter Stimme: „Das ist ja

prächtig! Ich bin ausgesprochen zufrieden damit. Bitte fertigt mir daraus einen Anzug an."

Er nickte zufrieden, während er zu den Webstühlen schaute. Er traute sich aber nicht, die Wahrheit zu sagen. Auch alle anderen Männer, die ihn begleiteten, starrten nacheinander genauso angestrengt die Webstühle an. Und obwohl sie nichts sehen konnten, wiederholten sie das, was der Kaiser schon gesagt hatte: „Das ist aber prächtig! Das ist bezaubernd! Das ist entzückend!"

Jeder schien mit dem Ergebnis glücklich zu sein. Der Kaiser ordnete an, es sollte am nächsten Tag ein Umzug stattfinden, auf dem er seine neue Kleidung tragen wollte.

Dann wurden die beiden Schwindler zu Rittern geschlagen und erhielten den Titel ‚Ehrhafte Weber'.

In jener Nacht saßen die beiden beim Licht von sechzehn Kerzen und arbeiteten.

Sie taten so, als ob sie den Stoff von den Webstühlen nehmen würden. Dann schnitten sie mit einer großen Schere in die Luft und nähten mit einer großen Nadel, die keinen Faden hatte. Endlich erklärten sie prahlend, daß die Kleidung fertig war.

Der Kaiser kam mit seinem Hof, um die fertige Kleidung zu sehen.

Die beiden Diebe streckten die Arme in die Höhe, als ob sie etwas halten würden und sprachen: „Hier ist die

Hose, Eure Majestät. Und hier die Jacke, und hier ist der Umhang. Sie sind so leicht wie eine Feder. Deshalb wird es Ihnen so erscheinen, als ob Sie gar nichts tragen. Das ist aber eine besondere Eigenschaft, die diese Kleidung hat."

„Ja, richtig", antworteten die Hofangestellten.

Aber auch die anderen sahen nichts, denn es war ja auch nichts zu sehen!

„Würden Euer Wohlhochgeboren vielleicht so freundlich sein und die Kleidung ablegen?" fragten die Diebe. „Dann könnt ihr nämlich die neuen Kleidungsstücke vor dem Spiegel anprobieren."

Der Kaiser zog die Kleidung aus. Die Diebe aber

taten so, als ob sie ihn neu einkleiden würden. Er drehte sich vor dem Spiegel um und um.

„Du meine Güte! Wie gut die Kleidung doch eurer Majestät steht! Sie sitzt perfekt!" riefen die Hofangestellten aus. Dieser Stil, diese Farben! Was für eine wunderbare Kleidung!"

Dann kam der Protokollchef herein.

„Der Baldachin, welcher im Umzug über eurer Majestät getragen wird, wartet vor der Tür", sagte er.

„Ausgezeichnet, ich bin soweit!", sagte der Kaiser. „Ich denke, daß mir diese neue Kleidung gut steht."

Und wieder drehte er sich ein letztes Mal vor dem Spiegel herum, um seine prächtige Kleidung zu betrachten.

Das Gefolge, welches die lange Schleppe vom Umhang tragen mußte, taten so, als ob sie diese vom Boden aufhoben. Dann hielten sie die Hände, als ob sie die Schleppe halten würden. Auch sie wollten nicht, daß irgend jemand denken würde, sie könnten nichts sehen.

Der Kaiser stolzierte während des Umzugs unter dem Baldachin. Alle Leute auf der Straße und an den Fenstern riefen: „Was für eine elegante Kleidung! Wie prächtig ist doch die Schleppe! Wie perfekt sie doch paßt!"

Niemand wollte den anderen denken lassen, daß er nichts sehen könnte. Nie zuvor wurde des Kaisers neue Kleidung so sehr bewundert.

Plötzlich jedoch drängte sich ein kleines Kind in die erste Reihe. „Aber er trägt doch gar nichts!" rief es.

„Ach du meine Güte! Hört auf die Stimme der Unschuld!" sagte der Vater des Kindes.

Kurz darauf begannen alle zu flüstern und die Worte des kleinen Kindes zu wiederholen.

„Da ist ein kleines Kind, das behauptet, der Kaiser würde keine Kleidung tragen!" flüsterte die Menge.

„In der Tat, es gibt gar keine Kleidung!" rief endlich jeder aus.

Der Kaiser aber fühlte sich in besonderer Weise genarrt. Denn er bemerkte, daß sie im Recht waren. Wie auch immer, er beendete den Umzug mit gehobenem Kopf.

Das Gefolge beendete respektvoll seine Aufgabe, die Schleppe, die nicht vorhanden war, zu tragen, bis sie schließlich wieder im Palast waren.

Und weißt du was? Der Kaiser war auf seine Kleidung nie wieder so sehr eingebildet.

Rumpelstilzchen

Es war einmal ein sehr armer Müller, der hatte eine schöne Tochter. Eines Tages ergab sich die Möglichkeit, mit dem König zu sprechen. Und weil sich der Müller wichtig machen wollte, sagte er: „Ich habe eine Tochter, die Stroh zu Gold spinnen kann."

„Ein solches Talent interessiert mich", antwortete der König. „Sollte deine Tochter wirklich so klug sein, wie du behauptest, dann bring sie morgen in mein Schloß. Ich werde sie auf die Probe stellen."

Als das junge Mädchen eintraf, brachte er sie in ein Zimmer voller Stroh. Dann gab er ihr eine Spule und ein

Spinnrad und sagte zu ihr: „Du wirst sofort mit dem Arbeiten anfangen. Und solltest du bis morgen früh das Stroh nicht zu Gold gesponnen haben, wirst du sterben."

Danach verschloß und sicherte er die Tür und ließ sie allein.

Da saß nun die Tochter des armen Müllers und wußte nicht, was sie tun konnte. Sie hatte keine Ahnung, wie man Stroh zu Gold spinnt, begann sich aber so sehr zu fürchten, daß sie zu weinen anfing.

Plötzlich öffnete sich die Tür, und ein kleines Männchen trat ein und fragte: „Guten Abend, hübsche Müllerstochter. Warum weinst du?"

„Ach!" antwortete das junge Mädchen. „Ich muß dies ganze Stroh zu Gold spinnen, weiß aber nicht, wie ich es anstellen soll."

„Was gibst du mir, wenn ich für dich spinne?" fragte das kleine Männchen.

„Meine Halskette", sagte das Mädchen.

Das kleine Männchen nahm die Halskette, setzte sich an das Spinnrad und spann, spann, spann… Er spann nur dreimal, und die Spule war voll. Dann tauschte er sie aus und spann, spann, spann… Er spann nur dreimal, und die zweite Spule war auch voll. So arbeitete er die ganze Nacht, bis es hell wurde.

So wurde das ganze Stroh gesponnen, und die Spulen waren voll Gold.

Sobald die Sonne aufging, kam der König herein. Als er das viele Gold sah, war er ganz froh, wurde aber gleichzeitig gierig auf mehr Gold.

Er nahm die Müllerstochter in ein anderes Zimmer voller Stroh, noch größer als das erste. Dann befahl er ihr, das ganze Stroh in einer Nacht in Gold zu spinnen, wollte sie am Leben bleiben.

Als sie allein war, begann sie zu weinen.

Und sogleich öffnete sich wieder die Tür. Das kleine Männchen erschien und sagte: „Was gibst du mir, wenn ich das Stroh zu Gold spinne?"

„Den Ring, den ich an meinem Finger trage", antwortete das junge Mädchen.

Das kleine Männchen nahm den Ring, setzte sich an das Spinnrad, und am nächsten Morgen hatte er das ganze Stroh in strahlendes Gold gesponnen.

Der König freute sich beim Anblick des vielen Goldes, er war aber immer noch nicht zufriedengestellt. Er nahm die Müllerstochter in das nächste Zimmer, das voller Stroh und noch viel größer als die ersten beiden war. Dann befahl er ihr: „Du wirst das ganze Stroh heute Nacht für mich spinnen. Solltest du erfolgreich sein, nehme ich dich zu meiner Frau!"

„Obwohl sie nur eine Müllerstochter ist", dachte er, „könnte ich keine reichere Frau finden!"

Als das junge Mädchen allein war, kam das kleine Männchen wieder und sagte: „Was gibst du mir diesmal, wenn ich das Stroh zu Gold spinne?"

„Ich habe nichts mehr zu geben", antwortete das junge Mädchen.

„Also gut! Versprich mir dein erstes Kind, wenn du Königin wirst", sagte das kleine Männchen.

„Das wird mir kaum passieren!" dachte die Müllerstochter.

So versprach sie dem kleinen Männchen, seinen Wunsch zu erfüllen. Und wieder spann er das ganze Stroh zu Gold.

Als der König am nächsten Morgen kam und das ganze Gold sah, bereitete er die Hochzeit vor, und die schöne Müllerstochter wurde zu ihrer großen Überraschung Königin.

Als sie nach einem Jahr das kleine Männchen schon ganz vergessen hatte, gebar sie ein schönes Kind.

Eines Tages geschah es, daß dieses kleine Männchen plötzlich in ihr Zimmer kam und sagte: „Nun, gib mir das, was du mir versprochen hast."

Die Königin war erschrocken und bot ihm alle Schätze des Königreichs an, nicht jedoch ihr Kind zu nehmen.

Aber das kleine Männchen antwortete: „Nein, ich brauche keine Schätze. Du must dein Versprechen halten."

Die Königin begann zu jammern und zu weinen.

Und sie tat dem kleinen Männchen leid. Er sagte: „Ich gebe dir drei Tage. Wenn du in dieser Zeit meinen Namen herausfindest, kannst du das Kind behalten."

Die ganze Nacht hindurch dachte die Königin über alle Namen nach, die sie jemals gehört hatte. Dann sandte sie einen Botschafter durch das ganze Land, um alle gebräuchlichen Namen herauszufinden.

Als das kleine Männchen am nächsten Tag kam, begann sie mit Kasper, Melchior, Balthasar. Es folgte ein

Name nach dem anderen, bis sie keinen mehr wußte.

Jedesmal sagte das kleine Männchen: „So heiß ich aber nicht".

Am nächsten Tag ließ sie in der gesamten Nachbarschaft Nachforschungen für den Namen jeder einzelnen Person anstellen. Dann berichtete sie dem kleinen Männchen die unbekanntesten und seltensten Namen.

„Heißt du Kuhrippe, Hammelkeule oder Spinnenbein?" fragte sie.

Und immer noch sagte er: „So heiß ich nicht."

Am dritten Tag kam der Botschafter wieder zurück und sagte, daß er nicht in der Lage war, neue Namen zu finden.

„Wie auch immer", sagte er, „ich stand am Ende eines Waldes bei einem großen Berg, wo sich Has' und Fuchs ‚Gute Nacht' sagen. Dort sah ich vor einem kleinen Haus ein Feuer brennen. Ein seltsames, kleines Männchen tanzte um das Feuer herum. Es hüpfte auf einem Bein und sang:

‚Heute back ich, morgen brau ich Bier,
Übermorgen kommt das Königskind zu mir.
Oh, wie gut, daß niemand weiß,
Daß ich Rumpelstilzchen heiß!'

Du kannst dir sicher vorstellen, wie hocherfreut die Königin war, als sie das hörte!

Bald danach trat das kleine Männchen ein und fragte sie: „Wie heiße ich?"

Sie antwortete: „Heißt du Harry?"

„Nein!"

„Heißt du Bert?"

„Nein!"

Dann lachte die Königin und sagte: „Heißt du vielleicht… … Rumpelstilzchen?"

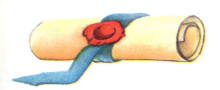

„Das hat dir der Böse gesagt! Das hat dir der Böse gesagt!" schrie das kleine Männchen.

Und in seiner Wut stieß er mit seinem rechten Fuß so heftig auf den Boden, daß er durch den Boden fuhr und verschwandt, und niemand sah ihn wieder.

Jorinde und Joringel

Es war einmal ein altes Schloß mitten in einem großen, dunklen Wald. Dort wohnte ganz für sich eine alte Frau, die eine Zauberin war. Tagsüber verwandelte sie sich in eine Katze oder eine Eule, während der Nacht verwandelte sie sich in einen Menschen zurück.

Sie benutzte magische Kräfte, um Kaninchen und Vögel anzulocken. Dann kochte oder grillte sie sich die alte Frau für ihr Abendbrot.

Ein mächtiger Zauber umgab das Schloß. Wenn ein Mann näher als hundert Schritte herankam, konnte er sich nicht mehr von der Stelle rühren. Regungslos wie

ein Standbild mußte er dann warten, bis sich die Zauberin entschloß, ihn davon zu befreien. Wenn aber ein junges Mädchen erschien, verwandelte es die Zauberin in einen Vogel und sperrte ihn in einen Käfig. Sie hatte siebentausend Käfige in ihrem Schloß, jeder mit einem seltenen Vogel darin.

Nahe beim Wald lebte ein Mädchen mit dem Namen Jorinde. Sie war das schönste Mädchen der Welt und mit einem schönen jungen Mann mit dem Namen Joringel verlobt. Sie waren ineinander innig verliebt und wollten bald heiraten.

Eines Tages gingen sie im Wald spazieren, um für sich allein zu sein.

„Wir müssen vorsichtig sein und dürfen nicht zu dicht an das Schloß kommen", warnte Joringel, als sie sich auf den Weg machten.

Am späten Nachmittag schien sich der Wald zu verändert. Die Sonne schien noch immer durch die dicken, grünen Bäume. Aber die Turteltauben, die dort lebten, begannen ein trauriges Lied zu singen, sodaß Joringel weinte.

Dann jammerten Jorinde und Joringel und fühlten sich elend, als ob sie sterben müßten. Es dauerte nicht lange, und sie bemerkten, daß sie sich verirrt hatten.

Die Sonne ging schon unter. Joringel schaute durch das Gebüsch und sah, daß sie nicht weit von der

Schloßmauer waren. Beim Anblick begann er zu zittern.
Dann hörte er Jorinde singen:

*„Kleiner Vogel mit dem roten Ring,
Kummer! Kummer! Kummer! singt.
Den Tod der Taube singt,
Singt Kummer … Trüllüt! Trüllüt! Trüllüt!"*

Und vor seinen Augen verwandelte sich Jorinde in eine Nachtigall! Dann erschien eine Eule mit gespenstischen Augen, flog dreimal um sie herum und schrie: „Wuh-uu! Wuh-uu! Wuh-uu!"

Joringel merkte, daß er sich nicht mehr von der Stelle rühren konnte. Er stand da wie ein Stein, nicht in der Lage zu schreien, zu sprechen oder seine Arme und Beine zu bewegen.

Dann verschwand die Sonne. Die Eule flog in einen Busch und aus dem dunklen Blättergewirr erschien eine alte, bucklige Frau mit blasser Haut. Sie war dünn und hatte große, rote Augen und eine lange, krumme Nase. Sie murmelte etwas vor sich hin, nahm die Nachtigall in ihre Hand und trug sie fort. Joringel aber war machtlos.

Zuerst war der junge Mann am Verzweifeln, daß er nun für immer ein Standbild sein mußte. Aber nach einer Weile kam die Zauberin zurück und begann mit einer unheimlichen Stimme zu singen: „Oh Sachiel! Wenn der

Mond auf den Käfig scheint, brich, Sachiel, den Zauber zur richtigen Zeit!"

Dann war Joringel frei. Er fiel zu Füßen der alten Zauberin und flehte sie an, Jorinde zurückzugeben. Sie aber sagte ihm, er würde Jorinde nie wiedersehen, und dann verschwand sie.

„Was wird nur aus mir werden?" seufzte Joringel.

Er wanderte die ganze Nacht hindurch. Dann erreichte er ein Dorf, das er niemals zuvor gesehen hatte. Dort arbeitete er für viele Jahre als Schäfer. Oftmals wanderte er in die Nähe vom Schloß, war aber vorsichtig, nicht zu dicht heranzukommen.

Eines Nachts träumte er von einer roten Blüte, in deren Mitte eine schöne, rote Perle war. In seinem Traum nahm er die Blüte zum Schloß. Alles, was er mit dieser Blüte berührte, war vom bösen Zauber der Zauberin befreit, auch Jorinde.

Als er am nächsten Morgen aufwachte, begann Joringel, überall nach der Blüte Ausschau zu halten. Er suchte neun Tage danach, dann fand er sie in der Frühe des neunten Tages. In der Mitte der Blüte war ein großer Tautropfen, der wie die feinste Perle glitzerte.

Vorsichtig ging er mit ihr zum Schloß.

Diesmal war der Zauber mit dem Standbild wirkungslos, und er konnte bis ans Tor gehen. Joringel

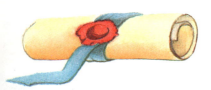

war glücklich und berührte die Tür mit der Blüte, worauf sie sich öffnete. Dann trat er ein, überquerte den Innenhof, hielt inne und lauschte. Es gab soviel verschiedenartiges Gezwitscher vom Turm zu hören, daß es nicht schwer zu erraten war, wo die siebentausend Vögel gefangen gehalten wurden!

Als die Zauberin Joringel sah, wurde sie sehr zornig. Sie verwünschte ihn und spuckte Gift und Galle nach ihm, konnte aber nicht näher als zwei Schritte an ihn

herankommen. Er aber beachtete sie gar nicht und eilte zu den Vogelkäfigen. Aber oh weh! Wie konnte er seine geliebte Jorinde unter den Hunderten von Nachtigallen finden?

Doch es entging ihm nicht, daß sich die Zauberin einen Käfig aneignete und durch die Tür verschwinden wollte. Er stürzte hinter ihr her und berührte den Käfig mit seiner Blüte. Sofort verlor die Zauberin alle ihre Macht und Jorinde stand vor ihm, so schön wie vorher!

Mit einem lauten Schrei aus lauter Freude umarmte sie ihn innig. Und gemeinsam verwandelten sie alle anderen Vögel wieder in junge Mädchen zurück. Und sie kehrten nach Hause zurück und lebten dort glücklich und zufrieden.

Aschenputtel

Es war einmal ein Mann, dessen erste Frau starb. Und er heiratete wieder, diesmal die hochmütigste und stolzeste Frau der Welt. Sie hatte zwei Töchter, die ganz nach der Mutter gingen.

Der Mann hatte auch eine junge Tochter aus erster Ehe, die ein hübsches und gutmütiges Mädchen war. Sie ging ganz nach ihrer Mutter, die die netteste Person der ganzen Welt war.

Die zweite Frau des Mannes und deren Töchter konnten die guten Eigenschaften des junge Mädchens nicht ausstehen. Die Frau trug ihr die dreckigste Arbeit

im Haus auf: den Abwasch, das Reinigen des Treppenhauses und das Putzen aller Räume.

Sie schlief auf einer harten Matratze im Dachgeschoß, während die beiden Schwestern in Zimmern mit geputzten Fußböden in weichen Betten schliefen. Sie hatten Spiegel, in denen sie sich von Kopf bis Fuß betrachten konnten.

Das arme Mädchen erduldete alles im Stillen und traute sich nicht, dem Vater ihr Leid zu klagen. Wenn die Hausarbeit getan war, setzte sie sich am Kaminfeuer in die Asche.

Die gehässigen Schwestern fanden das sehr belustigend und nannten sie Aschenputtel. Das arme Mädchen trug altmodische, zerrissene, und abgelegte Kleidung. Trotzdem war sie hundertmal schöner als die zwei Schwestern mit ihren prächtigen Kleidern.

Es geschah aber, daß der Sohn des Königs einen Ball veranstaltete und Einladungen an alle wichtigen Leute des Landes schickte. Als die zwei Schwestern ihre Einladungen erhielten, freuten sie sich sehr und verbrachten die ganze Zeit damit, für den Ball Kleider auszusuchen und eine Frisur zu wählen.

Das alles bedeutete für Aschenputtel mehr Arbeit, denn sie hatte die Kleider zu bügeln und die Spitzenkragen zu stärken.

Das einzige, worüber sie sich unterhalten konnten, war über das Kleiden.

„Ich trage mein rotes Samtkleid, mit Spitzen besetzt", sagte die eine.

„Ich trage meinen mit goldenen Blumenstickereien besetzten Mantel und meine Diamantbrosche", sagte ihre Schwester.

Und Aschenputtel wurde natürlich immer gerufen, um zu helfen. Sie gab ihnen, so gut sie konnte, den besten Ratschlag und bot sich sogar an, ihnen die Haare zu frisieren.

Sie sagten zu ihr: „Aschenputtel, möchtest du nicht auch zum Ball gehen? Mit deiner zerrissenen Kleidung und deinem dreckigen Gesicht? Wie schön du doch aussiehst!"

Aschenputtel errötete, denn ihr innerster Wunsch war in der Tat auch, zu dem Ball zu gehen. „Ihr Schwestern lacht mich aus, und das macht es nur noch schlimmer", sagte sie.

„Du hast recht, jeder hätte gut lachen, würden sie Aschenputtel auf dem Ball sehen", spotteten die beiden.

Dann hatte Aschenputtel eine Idee.

„Vielleicht kann ich auf den Ball gehen", sagte sie. „Bitte, würdet ihr mir das gelbe Kleid leihen, das ihr tragt, wenn ihr zu Hause seid? Dann könnte ich mit euch gehen!"

„Wirklich, ich denke aber nicht so!" rief die ältere Schwester. „Mein Kleid einem solch schlampigen, kleinen Aschenputtel zu leihen?! Du denkst wohl, ich bin dumm?"

Das war also erledigt. Du würdest Aschenputtel mit Sicherheit auch nicht tadeln können, wenn sie das Haar der Schwestern völlig verdorben hätte. Sie war aber ein gutes Mädchen und und frisierte beide aufs Beste, obwohl die beiden ihr dafür nicht dankten.

Die Schwestern waren so aufgeregt, daß sie die letzten zwei Tage vor dem Ball nichts essen konnten. Mehr als ein Dutzend Schnürbänder vom Korsett rissen, weil sie diese zu arg festzogen, um schlank auszusehen. Andauernd

standen und beschauten sie sich vor dem Spiegel.

Endlich kam der große Tag. Das arme Aschenputtel winkte den Schwestern hinterher. Dann setzte sie sich an das Kaminfeuer und fing zu weinen an.

Ihre Patentante sah sie so bitterlich weinen und fragte, was passiert wäre.

„Ich möchte… ich möchte…" Aschenputtel weinte so intensiv, daß sie keine Worte finden konnte.

Aber ihre Patentante, die auch eine Fee war, sagte: „Du möchtest gerne zum Ball gehen, stimmt's?!"

„Ja!" seufzte Aschenputtel.

„Gut, wenn du ein gutes Mädchen bist, werde ich dich dorthinschicken", sagte die gute Fee.

Sie begann, Aschenputtel die sonderbarsten Anweisungen zu geben. „Geh in den Garten und bring mir einen Kürbis", sagte sie.

Aschenputtel ging nach draußen und kam mit dem schönsten Kürbis, den sie finden konnte, wieder zurück. Sie gab ihn der guten Fee, obwohl sie sich wunderte, wie ein Kürbis helfen konnte, sie zum Ball zu bringen.

Ihre gute Fee höhlte ihn bis auf die Schale aus, berührte ihn mit dem Zauberstab - der Kürbis verwandelte sich in eine schöne goldene Kutsche!

Dann schaute die gute Fee zur Mausefalle, wo sie sechs lebendige Mäuse fand. Sie sagte Aschenputtel, daß sie den Deckel der Falle heben und eine nach der anderen Maus herauslassen sollte.

Als die Mäuse herauskrochen, berührte sie diese mit dem Zauberstab. Die Mäuse verwandelten sich in prächtige Pferde, die die Kutsche zogen. Dann überlegte sie, was wohl als Kutscher dienen konnte.

„Ich will sehen, ob eine Ratte in die Falle gegangen ist", sagte Aschenputtel. „Eine Ratte gibt einen guten Kutscher."

Aschenputtel holte die Rattenfalle, in der drei fette Ratten waren. Die gute Fee wählte die Ratte mit den feinsten Schnurrhaaren. Dann berührte sie diese mit dem

Zauberstab, und sie verwandelte sich in einen Kutscher mit dem schönsten Schnäuzer der Welt!

Dann sagte sie zu Aschenputtel: „Geh und schau hinter die Gießkanne. Du findest dahinter sechs Eidechsen, die bring mir."

Aschenputtel war gerade erst wieder mit ihnen zurück, als die gute Fee sie auch schon in Lakaien verwandelte. Sie hatten eine glänzend-gemusterte Uniform, und stellten sich hinter der Kutsche auf, als ob sie noch nie zuvor etwas anderes getan hätten.

Dann sagte die gute Fee: „So, nun kannst du zum Ball mit Stil. Freust du dich jetzt?!"

„Ja, aber wie kann ich denn nur in dieser armseligen Kleidung zum Ball gehen?" erwiderte das Mädchen.

Nur eine kleine Berührung mit dem Zauberstab, und ihre Lumpen verwandelten sich in ein Kleid aus Gold und Silber, mit Edelsteinen besetzt. Zum Abschluß gab ihr die gute Fee noch ein Paar gläserne Schuhe.

Festlich gekleidet stieg Aschenputtel in die Kutsche. Ihre gute Fee gab ihr noch eine Warnung mit auf den Weg. Sie sollte bei Mitternacht wieder zu Hause sein, denn der Zauber würde beim zwölften Schlag der Uhr vorüber sein.

Das Mädchen versprach ihr, pünktlich zurückzusein und fuhr ab.

Dem Königssohn hatte man berichtet, daß eine

unbekannte Prinzessin auf dem Weg sei, zum Ball zu kommen. So ging er nach draußen, um sie willkommen zu heißen. Er half Aschenputtel aus der Kutsche und geleitete sie in den Ballsaal.

Sobald alle Aschenputtel sahen, waren sie von ihrer Schönheit ergriffen. Das Tanzen unterbrach und die Geiger hörten mit dem Spielen auf, als sie die einmalige Schönheit bewunderten.

Sogar der König konnte, obwohl er schon ein alter Mann war, die Augen nicht von ihr lassen. Er flüsterte zur Königin, daß er schon lange keine solche schöne junge

Dame gesehen hatte. Die Königin war einer Meinung mit ihm. Denn die schöne Fremde stellte in der Tat jede andere Person im Saal in den Schatten.

Alle Frauen studierten ihre Frisur und ihr Kleid sehr eingehend. Sie fragten sich, welches entlegene Land solche elegante Kleidung aus solch prächtigem Material herstellen konnte. Sie waren fest entschlossen, sich alle Einzelheiten einzuprägen, um zur nächsten Gelegenheit mit etwas Gleichwertigem auftreten zu können.

Der Prinz gab Aschenputtel den besten Platz und viele Komplimente. Später führte er sie auf die Tanzfläche. Sie tanzte so elegant, daß sie jeder umsomehr bewunderte.

Nach der ersten Tanzrunde gab es ein vornehmes Bankett. Der Prinz jedoch konnte keinen Bissen hinunterbringen, weil er von der lieblichen Fremden ganz und gar eingenommen war.

Aschenputtel saß neben ihren Schwestern und gab ihnen alle Aufmerksamkeit, bot ihnen Orangen und Zitronen an, die der Prinz ihr gab. Diese waren total überrascht, aber erkannten sie nicht.

Dann wurde wieder getanzt. Alle jungen Männer wollten mit dem lieblichen Mädchen tanzen, aber der Prinz gab keinem auch nur eine Chance. Aschenputtel tanzte jeden Tanz mit dem Prinzen, und machten sie eine Pause, stand er immer an ihrer Seite, und versicherte sich davon, daß ihr auch nichts fehlte.

Aschenputtel war niemals zuvor in ihrem Leben glücklicher. In der Tat war sie von dem stattlichen jungen Mann so angetan, daß sie die Warnung ihrer guten Fee völlig vergaß.

Dann schlug die Palastuhr zwölf.

Beim ersten Schlag bemerkte Aschenputtel ihren Fehler, sprang auf und rannte aus dem Ballsaal.

Der Prinz folgte ihr, konnte aber nicht mit ihr mithalten. Allerdings verlor sie in aller Eile einen ihrer zierlichen Glasschuhe. Aber das junge Mädchen rannte und rannte, und blieb nicht stehen, um zurückzuschauen und den Schuh mitzunehmen.

Aschenputtel kam erschöpft zu Hause an, ohne Kutsche oder die Gefolgsmänner, und hatte ihre alte Kleidung an. Nichts war vom Glanz übriggeblieben, nur der eine Glasschuh.

Der Prinz fragte die Wache an der Palasttür, ob sie die Prinzessin gesehen hätten, als sie den Ball verließ. Sie sagten ihm, daß sie nur ein junges Mädchen in Lumpen gesehen hätten, die eher nach einer Bauerstochter als nach einer Dame aussah.

Als die Schwestern wenig später nach Hause kamen, fragte Aschenputtel die Schwestern, ob ihnen der Ball gefallen hätte. Aufgeregt erzählten sie ihr von der schönen Fremden, die dem Prinzen den Kopf verdreht hatte, und wie sie dann plötzlich um Mitternacht weglief

und dabei einen Schuh auf der Palasttreppe zurückließ.

Sie erzählten ihr, wie der Prinz den Glasschuh aufhob und während des Rests des Abends nur noch auf ihn gestarrt hatte. Er hatte sich eindeutig Hals über Kopf in die schöne Fremde verliebt, obwohl er nicht wußte, wer sie war.

Die Schwestern erzählten ihr die Wahrheit, denn einige Tage später ließ der Sohn des Königs öffentlich bekanntmachen, er werde das Mädchen heiraten, dessen Fuß ohne jede Schwierigkeit in den Schuh gleitet.

Alle Prinzessinnen, Herzoginnen, und dann alle

übrigen Hofdamen im Land probierten den Schuh an, aber der feingeformte Schuh paßte keiner von ihnen.

Dann brachte man den Schuh auch zu den beiden Schwestern. Die drückten und pressten, und versuchten mit aller Gewalt, den Fuß in den Schuh zu stecken, jedoch umsonst.

Aschenputtel aber lächelte und sagte: „Ich würde den Schuh auch gerne anprobieren!"

Doch die Schwestern lachten und machten sich über Aschenputtel lustig. Aber der Hofangestellte hatte den Befehl, daß jedes Mädchen im Land versuchen sollte, den Schuh anzuziehen. So setzte sich Aschenputtel hin und zog den Schuh an, und zu jedermanns Überraschung paßte der Schuh wie angegossen!

Die beiden Schwestern waren erstaunt, aber staunten noch mehr, als Aschenputtel den anderen Glasschuh aus ihrer Schürze holte und anzog.

Im gleichen Moment erschien die gute Fee und berührte Aschenputtels Kleidung. Sofort verwandelten sich die Lumpen in ein Kleid, das noch schöner als das war, was sie zuvor getragen hatte.

Dann erkannten die Schwestern sie als die freundliche Dame wieder, die sie auf dem Ball trafen. Die beiden fielen ihr zu Füßen und baten sie für alles Leid, das sie ihr angetan hatten, um Verzeihung.

Aschenputtel umarmte sie und vergab ihnen von ganzem Herzen.

Dann empfing der Prinz sie in ihrem glänzendem Kleid. Er dachte, daß sie noch schöner war als je zuvor, und einige Tage später heiratete er sie.

Auf alle Fälle brauche ich wohl nicht extra sagen, daß sie glücklich und zufrieden lebten!

Reineke Fuchs und die Fischer

Es war Winter und Reineke Fuchs hatte kein Futter mehr in seiner Voratskammer. Und weil ihn der Hunger trieb, ging er in die Nähe eines Dorfes, ohne sich vor den Bewohnern zu fürchten. Er versteckte sich unter einer Hecke, die entlang der Hauptstraße verlief und wartete auf etwas Außergewöhnliches.

Bald danach kam ein kleines Fuhrwerk die Straße entlang. Zwei Fischer saßen auf dem Fuhrwerk und hatten in der Stadt Geschäfte zu erledigen. Sie wollten einen großen Fang frischer Heringe verkaufen. Weil der

Nordwind die ganze Woche lang blies, gab es reichlich Fisch.

Zusätzlich hatten sie noch bis zum Rand Körbe mit großen und kleinen Fischen gefüllt. Allerlei Sorten kamen aus Seen und Flüssen: Hecht, Aal, Karpfen, Forelle und Lachs.

Reineke Fuchs wurde bei dem Anblick und Geruch des Fischfuhrwerks unruhig und entschloß sich, die Chance zu nutzen. Deshalb legte er sich in die Mitte der Straße und stellte sich tot. Seine Beine streckte er in die Luft, schloß seine Augen und hielt den Atem an.

Einer der Fischer bemerkte ihn und sagte zu seinem Gefährten: „Den Fuchs nehmen wir mit. Das Fell sieht gut aus und ist einfach verdient!"

Sie näherten sich Reineke Fuchs vorsichtig, berührten ihn, drehten ihn herum und waren sicher, daß er tot war. Dann schätzten sie den Wert des Felles.

„Wir verkaufen es für drei Silberstücke", sagte einer.

„Oh nein! Wir bekommen mit Leichtigkeit vier Silberstücke dafür", sagte der andere. „Vielleicht noch mehr - hier, schau mal her, wie weiß der Schlund ist!"

Sie warfen Reineke Fuchs auf die Ladefläche des Fuhrwerkes, setzten ihren Weg fort und unterhielten sich munter drauflos.

Reineke Fuchs hörte ihr Gespräch und hatte auf der Ladefläche gut Lachen.

Er lag auf seinem Bauch auf den Körben und biß mit

seinen scharfen Zähnen in einen saftigen Hering, dann fraß er dreißig weitere. Er zermalmte den rohen Fisch samt Knochen und allem anderen zwischen seinen Zähnen. Es kümmerte ihn keineswegs, daß er weder Salz, Gewürze oder Senf hatte.

Bald war der erste Korb leer, und sofort machte er sich an den zweiten. Er suchte sich ein halbes Dutzend Aale aus, die an den Kiemen mit einer Schlinge zusammengebunden waren. Reineke Fuchs steckte seinen Kopf durch die Schlinge.

Dann setzte er die Aale sicher auf seinen Rücken und sprang vom Fuhrwerk. Im gleichen Augenblick rief er den Fischern hinterher: „Auf Wiedersehen und einen sicheren Heimweg! Ich nahm mir nur einige Aale und gerne überlasse ich euch den Rest!"

Die Fischer sprangen vom Fuhrwerk und versuchten, ihm zu folgen. Dabei drohten sie mit der Faust und schüttelten den Kopf.

„Wie konnten wir nur so dumm sein?! Zum Kuckuck mit diesem bösen Biest!" riefen sie.

Reineke Fuchs aber lief viel schneller als sie und entkam sehr leicht. Als sie total erschöpft zu ihrem Fuhrwerk zurückkehrten, fanden sie nur leere Körbe vor.

Rapunzel

Es waren einmal ein Mann und eine Frau, die wünschten sich seit langer Zeit ein Kind. Eines Tages war die Frau davon überzeugt, daß ihr Wunsch schließlich doch noch in Erfüllung ging.

Ihr Haus hatte an der Rückseite ein kleines Fenster mit Blick auf einen prächtigen Garten. In diesem wuchsen schöne Blumen und verschiedene Arten wunderbares Gewürz und Gemüse. Der Garten war von einer hohen Mauer umgeben, und niemand traute sich hinein, weil er einer mächtigen Hexe gehörte.

Eines Tages stand die Frau am Fenster und schaute in den Garten hinüber. Dort bemerkte sie ein Beet voll mit prächtigem Rettich. Der sah so frisch und appetitlich aus, daß sie das Verlangen hatte, von ihm zu essen. Das Verlangen, jenen Rettich zu essen, wurde von Tag zu Tag größer. Aber weil die ehrliche Frau wußte, daß sie ihn niemals essen könnte, wurde sie dünner, blaß und schwach.

Ihr Mann begann sich um sie zu sorgen und fragte: „Was ist los mit dir, meine liebe Frau?"

„Ach!" sagte sie, „Wenn ich nicht vom Rettich aus dem Garten hinter unserm Haus zu essen bekomme, sterbe ich!"

Ihr Mann, der sie sehr lieb hatte, sagte: „Ich werde dich nicht sterben lassen, Frau."

In der Abenddämmerung kletterte er über die Mauer und ging in den Garten der Hexe. Dort griff er hastig nach einer Handvoll Rettich und brachte sie seiner Frau. Ohne zu zögern, bereitete sie aus dem Rettich einen Salat und aß ihn gierig. Er schmeckte so köstlich, daß ihr Verlangen, mehr zu bekommen, am nächsten Tag nur noch größer war.

Ihr Mann wußte, daß er wieder mutig in den Garten gehen mußte, um sie zufriedenzustellen.

Er wartete bis zum Abend. Als es endlich dunkel

wurde, sprang er die Mauer hinunter, und stand Gesicht zu Gesicht vor der Hexe.

„Wie kannst du es nur wagen, in meinen Garten zu kommen und meinen Rettich zu stehlen?!" sagte sie wütend.

„Ach!", erwiderte er, „Ich bin nicht freiwillig hierhergekommen. Vielmehr hat mich die gefährliche Situation, in der sich meine Frau befindet, dazu gezwungen. Sie sah deinen Rettich durch das Fenster und hatte ein solches Verlangen danach, daß sie dachte, sie müßte sterben, wenn sie ihn nicht essen könnte."

Daraufhin sagte die Hexe: „Wenn das alles wahr ist, was du mir erzählst, erlaube ich dir, soviel Rettich zu nehmen, wie du willst. Dafür werdet ihr mir euer Kind geben, das deine Frau bekommt. Das Kind wird ein gutes Zuhause haben und ich werde die Mutter ersetzen."

Der Mann war so erschrocken, daß er auf alles einging. Als ein kleines Mädchen geboren wurde, kam die Hexe zu ihrem Haus. Sie nahm ihnen das Kind weg und nannte es Rapunzel.

Rapunzel wurde das schönste kleine Mädchen unter der Sonne. Als sie zwölf Jahre alt war, wurde sie von der Hexe in einen Turm mitten im Wald eingeschlossen. Der Turm hatte weder eine Treppe noch eine Tür, jedoch ein kleines Fenster hoch oben. Jedesmal, wenn die Hexe in den Turm wollte, stand sie unter dem Fenster und rief laut:

„Rapunzel, Rapunzel,
Laß dein Haar herunter!"

Rapunzel hatte wunderschönes langes Haar, so fein wie gesponnenes Gold. Immer, wenn die Hexe rief, öffnete sie ihr Haar, knotete es an einem Fensterhaken fest und ließ es hinunterfallen. Dann kletterte die Hexe am goldenen Seil hinauf.

Es geschah, daß eines Tages ein Königssohn durch den Wald ritt. Als er am Turm vorbeikam, hörte er einen

solchen wunderschönen Gesang, daß er sein Pferd zügelte und zuhörte.

Der Gesang kam von Rapunzel, die versuchte, sich damit die Zeit zu vertreiben. Vergeblich suchte der Prinz nach einer Tür zum Turm. Der Gesang hatte sein Herz so sehr berührt, daß er jeden Tag in den Wald zurückkam, um ihr zuzuhören.

Eines Tages sah er, wie sich eine Hexe dem Turm näherte. Der Prinz versteckte sich hinter einem Baum, und beobachte sie. Dann hörte er, wie sie sagte:

„Rapunzel, Rapunzel,
Laß dein Haar herunter!"

Rapunzel ließ ihren langen Zopf hinunterfallen, und die Hexe kletterte daran hoch.

„Das ist also der Weg in den Turm", sagte er zu sich. „Gut, ich fordere mein Glück heraus."

Am nächsten Tag ging er in der Dämmerung zum Turm und rief hinauf:

„Rapunzel, Rapunzel,
Laß dein Haar herunter!"

Rapunzel ließ sofort ihr Haar hinunterfallen, und der Prinz kletterte daran hoch.

Zuerst war Rapunzel erschrocken, als sie einen fremden Mann sah. Der Prinz aber erzählte ihr freundlich, daß er sie singen hörte und sein Herz von ihrem Gesang berührt war.

Daraufhin wich die Furcht von ihr. Der Prinz aber fragte sie, ob sie ihn heiraten wollte.

Sie sah, daß er jung und schön war und dachte: „Er liebt mich mehr als diese alte Hexe." Deshalb war sie einverstanden und gab ihm ihre Hand.

Der Prinz kam nun jeden Abend zu Besuch. Die Hexe

kam nur während des Tages und ahnte nichts davon.

Eines Tages aber sagte Rapunzel ohne Überlegung: „Sag mir, warum bist du so langsam und so schwer. Du ziehst an meinen Haaren, der Prinz aber kann so schnell zu mir hochklettern?"

„Du dummes Kind!", rief die Hexe. „Was höre ich da? Du hast mich also betrogen?"

In ihrer Wut nahm sie Rapunzels schönes Haar, wickelte es ein paar Mal um ihre Hand und ‚Schnipp! Schnapp!' schnitt sie ihr den Zopf ab. Der ganze wundervolle Zopf fiel auf den Boden.

Dann brachte die Hexe Rapunzel an einen weitentfernten Ort und ließ sie dort in der Einsamkeit zurück.

Als die Dämmerung am selben Abend einbrach, versteckte sich die Hexe im Turm. Bald kam der Prinz und rief:

„Rapunzel, Rapunzel,
Laß dein Haar herunter!"

Als das die Hexe hörte, befestigte sie das Haar der armen Rapunzel am Fensterhaken und ließ es auf den Boden fallen. Dann kletterte der Prinz zum Fenster hoch, aber er fand die böse Hexe an Stelle seiner süßen Rapunzel.

Sie schaute ihn mit gespenstischen und bösen Augen an und sagte: „Du hast Rapunzel für immer verloren. Du wirst sie nie mehr sehen!"

Der Prinz war am Boden zerstört. Zu seinem Unglück fiel er auch noch aus dem Fenster und landete in einem Dornenbusch. Er überlebte, aber die Dornen vom Busch zerstachen seine Augen, und er erblindete.

Der Prinz irrte im Wald umher und konnte an ein Leben ohne Rapunzel nicht mehr denken. Er ernährte sich von Beeren und Wurzeln und verbrachte so viele Jahre. Eines Tages kam er zufällig an den Platz, wo Rapunzel elendig lebte.

Plötzlich hörte er eine Stimme, die ihm bekannt vorkam. Als er sich näherte, erkannte Rapunzel den Prinzen. Sie war überglücklich, ihn zu sehen, wurde aber traurig, als sie seine blinden Augen sah. Sie legte ihre Arme um seinen Hals und weinte.

Zwei Tropfen fielen auf die Augen des blinden Prinzen. Sofort konnte er wieder sehen, und glücklich war er mit seiner Liebe wieder vereint. Dann brachte er Rapunzel in sein Königreich, wo sie heirateten und für immer glücklich lebten.

Alibaba und die vierzig Räuber

Es waren einmal zwei Brüder, die lebten in einer persischen Stadt. Sie hatten sich beide sehr gern und besuchten sich oft. Der eine war Kaufmann und hieß Kassim, der andere war ein Holzfäller und hieß Alibaba.

Eines Tages war Alibaba mit seinen drei Eseln auf dem Weg in den Wald. Plötzlich sah er in der Ferne eine Staubwolke. Ohne Zweifel war das eine große und vielleicht sogar unfreundliche Gruppe von Reitern, denn nur wenige Menschen benutzten diesen Weg. Und weil er sich davor fürchtete, ausgeraubt zu werden, suchte Alibaba einen Platz, um sich zu verstecken.

Nicht weit entfernt war ein sehr hoher Felsen, und

dicht daneben stand ein großer Baum. Alibaba versteckte seine Esel, kletterte in den Baum und wartete.

Die Staubwolke wurde schnell größer, und bald erschienen die Reiter. Es waren vierzig Männer, und jeder von ihnen trug eine große Tasche über der Schulter. Sie stiegen von ihren Pferden und banden sie in der Nähe vom Felsen an.

Dann näherte sich der Räuberhauptmann dem Felsen und rief: „Sesam, öffne dich!"

Zu Alibabas Verwunderung öffnete sich eine Tür im Felsen. Die Männer verschwanden in der Höhle, und die Tür schloß sich wieder hinter ihnen. Alibaba blieb im Baum, denn er traute sich nicht, sofort wieder hinunterzuklettern.

Während er überlegte, was er als Nächstes tun könnte, öffnete sich wieder die Tür. Die Männer kamen heraus, und der Räuberhauptmann rief: „Sesam, schließe dich!"

Rumpelnd schloß sich die Tür. Dann bestiegen die Männer ihre Pferde und ritten fort.

Als sie weit genug entfernt waren, kletterte Alibaba vom Baum und ging zum Felsen. Er zögerte eine Zeitlang, doch dann rief er: „Sesam, öffne dich!"

Wieder öffnete sich der Felsen, und Alibaba fand eine eindrucksvolle Höhle vor. Es gab genug Licht im Innern, um eine Sammlung fabelhafter Schätze zu sehen, Seide,

kostbare Stoffe, Teppiche und vor allen Dingen Taschen, zum Bersten voll mit Gold und Silber. Es war offensichtlich das geheime Versteck der Räuberbande.

Nachdem sich Alibaba von seinem Schrecken erholt hatte, sammelte er soviel Gold zusammen, wie seine drei Esel gerade tragen konnten, und schloß wieder die Höhle mit den magischen Worten.

Als er zu Hause ankam, leerte er die Taschen vor den Augen seiner Frau, die über das viele Gold verblüfft war. Dann erzählte er ihr alles von seinem Abenteuer.

„Wir sind reich!" rief sie, tanzte und klatschte mit den Händen. „Aber wieviel haben wir eigentlich?"

„Genug, um für den Rest unserer Tage in Frieden zu leben", sagte Alibaba.

„Ich möchte sicher gehen. Wir müssen es zählen!" forderte seine Frau.

Alibaba sah keinen Grund dafür, wollte aber seine Frau nicht unnötig aufregen und gab ihr den Willen. Sie ging sofort zu Kassim und fragte ihn nach einem Meßbecher.

Kassims Frau öffnete die Tür.

„Einen Meßbecher?" fragte sie erstaunt.

„Ja, und zwar den größten, den du hast!" erwiderte Alibabas Frau.

Kassims Frau borgte ihr den Becher, aber preßte etwas Kerzenwachs an den Innenboden. Sie wollte nämlich

wissen, was Alibabas Frau in einem armen Holzfällerhaus zu messen hatte.

Als sie wieder nach Hause kam, begann sie, das ganze Gold zu messen und füllte den Meßbecher einmal, zweimal und noch viele Male. Danach brachte Alibabas Frau ihn wieder zurück, übersah aber in aller Eile, daß ein Goldstück am Becherboden kleben blieb.

Als Kassim nach Hause kam, sagte seine Frau: „Setz dich hin! Ich habe dir etwas zu erzählen."

„Was ist denn?" fragte Kassim.

„Kassim, denkst du, daß du reich bist?" fragte sie.

„Genug, um glücklich zu sein", antwortete er.

„Gut, aber Alibaba ist tausendmal reicher als du", sagte seine Frau. „Er hat soviel Gold zu Hause, daß er einen Meßbecher braucht, um es zu zählen."

Und sie zeigte ihm das Goldstück.

Kassim wurde ein bißchen neidisch und ging zum Haus seines Bruders. Dort fragte er ihn: „Erzähl mir, ich bitte dich, warum hast du soviel Gold zu Hause?"

Alibaba bemerkte, daß sein Geheimnis entdeckt worden war. Weil er aber seinen Bruder liebte, erzählte er ihm alles, auch alles über die Zauberworte, die die Tür zum Versteck der Räuber öffnen konnten.

Kassim bedankte sich bei ihm. Früh am nächsten Morgen machte er sich mit zehn Maultieren auf den Weg, um den Felsen zu finden.

„Sesam, öffne dich!" rief er, als er ihn erreicht hatte.

Die Tür öffnete sich. Er ging nach innen, und die Tür schloß sich hinter ihm.

Für einen Augenblick war er vom Anblick der glänzenden Schätze erstaunt. Dann nahm er sich aber zusammen und füllte die Taschen. Als er damit fertig war, versuchte er, die Höhle zu verlassen. Doch er konnte sich nicht mehr an die Zauberworte erinnern.

„Oger, öffne dich!" versuchte er.

Die Tür blieb verschlossen. Er versuchte es wieder

und wieder, aber welche Worte er auch sagte, er konnte sich nicht an die richtigen erinnern. Deshalb war er noch Stunden später eingeschlossen.

Und dann geschah das Unglück. Die Räuber kamen zur Höhle. Als sie die Zaubertür öffneten, nahm Kassim die Gelegenheit, zu fliehen. Er wurde von den Räubern jedoch sofort gefaßt, auf der Stelle getötet und in vier Stücke zerteilt.

Am nächsten Tag kam Alibaba auf der Suche nach seinem Bruder zum Felsen. Zu seinem Schrecken entdeckte er die Überreste seines Bruders. Während er

vor Schreck und Trauer weinte, packte er die vier Teile seines Bruders auf die Esel und kehrte nach Hause zu Kassims Witwe zurück und erzählte ihr die traurige Nachricht.

Kassim hatte eine sehr kluge Dienerin, die Morgiane hieß.

„Morgiane, wir müssen den wahren Grund über Kassims Tod verschleiern!" sagte Alibaba.

„Mach dir keine Sorge, ich weiß, was zu tun ist!" erwiderte sie.

Am nächsten Tag ging die Dienerin mehrmals zum Apotheker und gab an, daß ihr Herr erkrankt sei. Jedesmal fragte sie nach noch stärkerer Medizin, und jedesmal sagte sie, daß es ihm schlechter und schlechter ginge. Am folgenden Tag wunderte sich niemand über den Tod von Kassim.

In der selben Stadt lebte ein sehr alter und weiser Stoffmacher, der Baba-Mustafa hieß. Morgiane bat ihn, im Geheimen zu ihr zu kommen und Nadel und Faden mitzubringen. Baba-Mustafa war mißtrauisch und damit nicht einverstanden, bis er eine große Summe Geld erhielt. Man verband ihm die Augen, und er wurde in Kassims Zimmer geführt.

Dort nahm ihm Morgiane die Augenbinde ab und bat ihn, die Teile ihres armen Herrn zusammenzunähen. Baba-Mustafa tat dies und beendete die Arbeit. Dann

verband man ihm wieder die Augen und brachte ihn nach Hause. Auf diese Weise hatte Kassim eine würdige Beerdigung, und keiner war auch nur etwas mißtrauisch.

Alibaba erbte das Haus seines Bruders. Weil er es mehr als sein eigenes Haus mochte, zog er mit seiner Frau dorthin. Sie wohnten dort mit Kassims Witwe und der Dienerin Morgiane.

In der Zwischenzeit hatten die Räuber den Eindringling in ihrer Höhle nicht vergessen.

„Jemand anders weiß von unserem Geheimnis!" sagte der Räuberhauptmann. „Der Haufen Gold ist kleiner geworden. Wer geht in die Stadt und findet etwas heraus?"

Einer der Räuber meldete sich und machte sich am nächsten Morgen verkleidet in die Stadt auf. Bald fand er Baba-Mustafas Geschäft, in dem der alte, weise Mann arbeitete.

„Guter Mann!" sagte der Räuber zu dem alten Mann. „Wie kannst du in deinem hohen Alter noch so gut sehen?"

„Äh? Ich sehe, daß du nicht aus dieser Gegend bist!" sagte Baba-Mustafa. „Meine Augen sind die besten der ganzen Stadt. Der Grund dafür ist, daß ich vor kurzer Zeit einen toten Mann in einem Zimmer zusammengenäht habe, das viel dunkler war, als dieses!"

„Nicht möglich… Wo war das denn?" fragte der Räuber.

„Ich weiß nicht. Ich bin mit verbundenen Augen dorthin geführt worden", erwiderte Baba-Mustafa.

Der Räuber hielt ihm zwei Goldstücke hin. „Bring mich dorthin!"

„Ich sagte dir, daß meine Augen verbunden waren!" sagte Baba-Mustafa.

„Versuch, dich zu erinnern, in welche Richtung du geführt wurdest!" bedrängte ihn der Räuber.

Baba-Mustafa akzeptierte die Herausforderung, und weil er ein gutes Erinnerungsvermögen hatte, erreichten sie bald Kassims Haus, das nun Alibaba gehörte.

Der Räuber bedankte sich bei Baba-Mustafa, markierte

die Tür heimlich mit einem Kreidekreuz und ging wieder in den Wald zurück.

Kurz darauf entdeckte Morgiane das Zeichen. Sie nahm an, daß dieses Zeichen kein gutes war. Deshalb nahm sie ein Stück Kreide in derselben Farbe und markierte alle anderen Türen in der Nachbarschaft mit einem Kreuz.

In derselben Nacht schlichen sich die vierzig Räuber in die Stadt. Sie suchten nach dem Kreuz an einer der Türen, um die Menschen, die dort wohnen, zu töten. Aber sie fanden das Kreuz an jeder Tür und verließen sehr zornig die Stadt.

Am folgenden Tag entschied sich der Räuberhauptmann, die Dinge in die eigene Hand zu nehmen. Auch er fand Baba-Mustafa, der ihn zu Alibabas Haus führte. Nachdem es der Hauptmann sehr eindringlich angeschaut hatte, kam ihm sehr bald eine Idee.

Als er in den Wald zurückkehrte, sandte er die Räuber, um einige Maultiere und vierzig lederne Behälter für Öl zu kaufen.

Nachdem alles gekauft war, füllte der Räuberhauptmann einen der Behälter mit Öl, die anderen aber ließ er leer. Dann befahl er, daß alle Räuber in die leeren Behälter klettern sollten. Er verschloß sie und ließ nur ein kleines Loch zum Atmen offen.

In jener Nacht führte er seine eigenartige Karawane in die Stadt. Alibaba erfreute sich an der frischen Luft der Nacht, als der Räuberhauptmann draußen anhielt. Er gab an, ein Ölkaufmann zu sein, der für den Markt am nächsten Tag unterwegs war. Er gab an, daß er von weither kam und und sehr müde war.

Alibaba erkannte ihn nicht wieder.

„Du bist hier willkommen", sagte Alibaba. „Komm in mein Haus und verbringe hier die Nacht!"

Der betrügerische Kaufmann stellte seine Behälter in den Innenhof unter das Fenster des Zimmers, wo er schlafen wollte. Als Alibaba außer Hörweite war, ging der Hauptmann zu jedem Behälter und gab seine Befehle.

„Kannst du mich hören? Wenn ich aus meinem Fenster kleine Steine werfe, schneidet ihr die Behälter mit euren Messern von oben bis unten auf, und klettert heraus! Ich sage euch dann, was zu tun ist."

Er ging früh zu Bett, blieb aber vollständig angekleidet, um für seinen Plan bereitzusein.

In der Zwischenzeit arbeitete Morgiane in der Küche. Plötzlich ging ihre Öllampe aus.

„Oh! Was für eine schlechte Zeit, ohne Öl zu sein!" rief sie.

„Ich weiß Rat. Geh in den Innenhof!" sagte Abdalla, ein anderer Diener. „Solange der Kaufmann hier ist, haben wir genug Öl!"

Morgiane nahm eine Kanne und ging nach draußen. Als sie sich dem ersten Behälter näherte, hörte sie jemand fragen: „He, ist es soweit?"

Die Stimme kam mit Sicherheit aus dem Behälter! Morgiane war ein Schnelldenker, erkannte die Gefahr sofort und flüsterte: „Noch nicht, aber bald!"

Dann ging sie zu den anderen Behältern, hörte die gleiche Frage und gab die gleiche Antworte, dann fand sie den Ölbehälter.

Zuerst zündete sie wieder ihre Lampe an. Daraufhin goß sie das Öl vom letzten Behälter in eine große Kupferpfanne und stellte diesen zum Kochen auf den Herd. Dann goß sie das kochende Öl in jeden Behälter, wobei sie nacheinander alle Räuber schnell und lautlos tötete.

Später in der Nacht warf der Räuberhauptmann kleine Steine aus seinem Fenster, wurde aber zornig, weil niemand darauf reagierte. So ging er nach draußen, um die Räuber aufzuwecken. Als er aber das heiße Öl und Leder roch, dachte er, daß es klüger sei, zu verschwinden!

Als Alibaba am nächsten Morgen vom Badehaus zurückkam, wunderte er sich darüber, daß die Behälter noch immer im Innenhof waren.

Morgiane sagte ihm, er sollte einen der Behälter öffnen. Als er sah, was im Behälter war, sprang er erschrocken zurück. Dann erzählte ihm die Dienerin, wie sie ihn und seine Familie gerettet hatte.

Alibaba erkannte, daß die Männer in den Behältern die Räuber aus der Höhle mit der Zaubertür waren.

Als Belohnung schenkte er Morgiane die Freiheit.

Er begrub die Körper, verkaufte die Maultieren und versteckte die Waffen und ledernden Behälter mit großer Sorgfalt.

Und obwohl der Räuberhauptmann geflohen war, war

er nicht weit weg. Er suchte nach einer Möglichkeit, sich dafür zu rächen, daß dieser Mann in seine Schatzkammer eingedrungen war und auch noch seine ganze Räuberbande getötet hatte.

Nach einer Weile kehrte er in die Stadt zurück, mietete einen Laden, wurde Stoffhändler und nannte sich Kogia-Hussein. Er machte es sich zu Nutzen, mit Alibabas Sohn sehr freundlich zu sein. Er war zu dem jungen Mann ausgesprochen höflich und endlich darin erfolgreich, in das Haus seines Vaters eingeladen zu werden.

Alibaba lud den neuen Freund seines Sohnes zum Abendbrot ein, dieser lehnte aber ab.

„Warum lehnst du die Einladung ab?" fragte Alibaba überrascht.

„Ich esse nur salzfreie Mahlzeiten. Und das bereitet den Menschen, die mich einladen, nur unnötigen Ärger", sagte der falsche Kaufmann.

„Das macht keinen Unterschied!" rief Alibaba, „Ich kann dir eine salzfreie Mahlzeit anbieten. Komm! Ich bitte dich! Gib mir die Ehre und bleib."

Daraufhin willigte der Mann ein. Morgiane ärgerte sich darüber, daß sie das Essen noch einmal von vorne zubereiten mußte, diesmal salzfrei, aber sie tat, worum man sie bat.

Sie dachte, daß der Gast ein sehr eigenartiger Mann

und sehr anspruchsvoll war. Unter dem Vorwand, Abdalla zu helfen, servierte sie das Essen, aber nur, um sich den Fremden näher anzuschauen.

Morgiane war bei weitem einsichtiger als Alibaba. Obwohl der Fremde doch als Stoffhändler verkleidet war, erkannte sie den grausamen Räuberhauptmann sofort wieder. Sie sah das Messer, das er unter seiner Kleidung versteckt hatte und dachte sich einen sehr kühnen Plan aus.

Als sie ihre Nachspeise gegessen hatten, kleidete sie sich als Tänzerin, ein Schwert an ihrem Gürtel befestigt, als ob dies zu ihrer Tanzkleidung gehörte. Abdalla begleitete sie, indem er die Handtrommel spielte. Als ob es zum Tanz gehörte, zog sie das Schwert aus der Scheide.

Alibaba war hocherfreut. Er ließ sie lange tanzen und dachte, seinen Gast damit zu unterhalten. In Wirklichkeit wartete dieser jedoch nur auf den passenden Augenblick, um Alibaba zu töten.

Wie es guter Brauch war, nahm Abdalla nach Ende des Tanzes die hohle Trommel, um etwas Geld einzusammeln.

Alibaba warf ein Goldstück hinein, auch der Räuberhauptmann nahm seinen Geldbeutel heraus und suchte nach einem Stück.

Während er aber in seinem Beutel herumsuchte, stieß Morgiane ihm das Schwert mitten ins Herz.

Er war sofort tot.

Wieder einmal hatte Morgiane den bösen Plan des Räuberhauptmanns aufgedeckt, und Alibaba entschloß sich, sie reichlich zu belohnen.

Wenige Tage später wurde ein prächtiges Fest gehalten, und die Hochzeit mit seinem Sohn und Morgiane gefeiert.

Alibaba ließ ein ganzes Jahr verstreichen. Dann schien es grundlos, sich noch vor weiteren Vergeltungsmaßnahmen zu fürchten. So bestieg er sein Pferd und ritt zur Räuberhöhle.

Er rief laut die Worte: „Sesam, öffne dich!"

Die Tür öffnete sich und Alibaba fand alle Schätze so vor, wie er sie zuletzt gesehen hatte. Jetzt war er der einzige, der vom Geheimnis wußte. Er belud sein Pferd mit Gold und kehrte nach Hause zurück.

Zuletzt rief er seinen Sohn und erzählte ihm von seinen Abenteuern von Anfang bis Ende, auch alles über die Zauberworte.

Und so geschah es, daß Alibaba und seine Nachkommen das Geheimnis vom Vater zum Sohn weiterreichten. Sie lebten in großem Reichtum bis ans Ende ihrer Tage, und sie wurden von der ganzen Stadt geliebt und geachtet.

Das tapfere Schneiderlein

Es war an einem Sommermorgen. Ein kleiner Schneider saß im Schneidersitz auf seinem Tisch in der Nähe vom Fenster und nähte munter drauflos. Während er arbeitete, kam eine Bauersfrau die Straße entlang und rief: „Marmelade zu verkaufen! Gute Marmelade zu verkaufen!"

Der Schneider dachte, das klingt sehr gut, denn es war gerade Zeit zum Mittagessen.

So steckte er sein freundliches Gesicht aus dem Fenster und sagte: „Hierher, gute Frau. Ich möchte ein wenig Marmelade kaufen."

Die Frau ging mit ihrem schweren Korb die Stufen zum Schneiderladen hinauf und stellte alle Gläser vor ihn hin.

Es dauerte eine Weile, bis der Schneider alle Gläser angeschaut hatte. Endlich sagte er: „Diese Marmelade sieht gut aus. Gib mir zwei große Eßlöffel, gute Frau. Nein! Eher doch vier!"

Die Frau hatte auf einen besseren Verkauf als diesen gehofft. Hatte sie ihm doch alle Gläser gezeigt, aber trotzdem gab sie ihm, was er wünschte.

Als sie gegangen war, nahm der Schneider einen Laib Brot aus dem Küchenschrank und schnitt sich eine dicke Scheibe davon ab, auf die er die Marmelade strich.

„Das sieht köstlich aus", dachte er, „aber bevor ich hineinbeiße, beende ich besser das Nähen dieser Jacke."

Er legte die Scheibe Brot in seine Nähe auf die Bank und fuhr mit dem Nähen fort. Der Geruch der Marmelade aber lockte einige Fliegen an, die zuvor auf der Wand saßen. Und bald nahmen einige von ihnen auf der Marmelade Platz.

„Wer hat euch eingeladen?" rief der Schneider, und versuchte, sie zu vertreiben. Die Fliegen nahmen keine Rücksicht auf seine wirbelnden Hände und schwirrten in noch größerer Anzahl um die Marmelade.

Diesmal hatte der Schneider die Nase voll. Er griff sich ein Stück Stoff aus der Schublade und rief: „Nun wartet mal ab, ich werde euch das geben, was ihr verdient habt!"

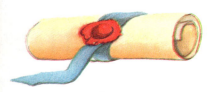

Er schlug zu, und diesmal fielen sieben tote Fliegen auf den Tisch.

„Du meine Güte!" rief er. „Ich *bin* ein starker Mann. Die ganze Stadt… - nein, die ganze Welt muß dies erfahren."

Dann fertigte er sich einen Gürtel an und stickte darauf in Großbuchstaben: SIEBEN AUF EINEN STREICH!

Er legte sich den Gürtel um die Hüfte und entschloß, auf der Stelle in die weite Welt zu gehen.

Bevor er ging, suchte er im ganzen Haus nach etwas, das er mitnehmen konnte. Aber alles, was er fand, war ein alter Käse, den er in seine Tasche steckte.

An der Eingangstür bemerkte er, daß sich ein Vogel im Gestrüpp verfangen hatte. Er rettete ihn und steckte ihn zum Käse in seine Tasche. Dann machte er sich brav auf den Weg und fühlte sich, als ob er für immer wandern könnte.

Nach einer Weile traf er auf einen gewaltigen Riesen, der auf einem Berg saß.

Der tapfere Schneider ging geradewegs auf ihn zu und sagte: „Hallo, mein Freund. Hier bist du und schaust auf die Welt zu deinen Füßen. Und hier bin ich auf dem Weg in die Welt und suche nach Abenteuern. Willst du mit mir kommen?"

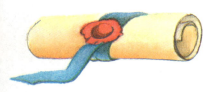

Der Riese gab ihm einen verachtenden Blick und erwiderte: „Spaßiger Freund, du kleiner Knirps!"

„Nicht ich!" rief der kleine Schneider.

Er knöpfte seine Jacke auf und zeigte dem Riesen seinen Gürtel. „Lies das hier, damit du weißt, mit wem du sprichst."

Der Riese las die Worte: SIEBEN AUF EINEN STREICH!

Offensichtlich war an diesem kleinen Mann etwas mehr dran, denn es schien, als ob er auf diese Weise sieben Männer getötet hätte. Aber er wollte ihn doch noch prüfen. Er nahm einen Stein und drückte ihn so fest, daß Wasser herauslief.

"Hast du die Kraft, das Gleiche zu tun, was ich tat?" fragte der Riese.

"Ist das alles?" fragte der Schneider naserümpfend. "Das spielen kleine Kinder in meinem Land."

Er griff in seine Tasche und nahm das alte Stück Käse, das er von Zuhause hatte, aus seiner Tasche. Dann drückte er es so fest in seiner Hand, daß Käsewasser herauskam.

Der Riese konnte nicht verstehen, warum ein so kleiner Mann so stark war.

Er nahm einen anderen Stein und warf ihn so hoch in die Luft, daß er beinahe aus dem Blick verschwand und sagte: "Nun zeige, kleiner Mann, was du kannst."

"Ein guter Wurf!" sagte der Schneider. "Aber der Stein fiel wieder auf die Erde. Ich werfe einen Stein so hoch, daß er nicht wieder auf die Erde fällt."

Dann nahm er den Vogel, den er aus dem Gestrüpp gerettet hatte, aus seiner Tasche und warf ihn schnell in die Luft. Der Vogel war über seine wiederum erlangte Freiheit so erfreut, daß er schnell in die Luft und aus Sichtweite flog.

"Du kannst tatsächlich gut werfen", sagte der Riese, "aber kannst du auch genauso schwer tragen, wie du werfen kannst?"

Er führte den kleinen Schneider zu einer großen Eiche, die geschlagen war.

„Wenn du wirklich so stark bist, dann hilf mir beim Aufheben dieses Baumes", sagte er.

„Kein Problem", sagte der Schneider. „Nimm den Stamm auf deine Schulter, ich werde mich um die Äste und die Baumkrone kümmern. Denn das ist viel schwerer."

Der Riese nahm den Stamm auf seine Schulter, der Schneider aber setzte sich auf einen Ast, der hinter dem Riesen war. Dieser trug den ganzen Baum für sich alleine und ohne es zu wissen, den Schneider obendrein! Dieser saß bequem auf einem Ast und pfiff vergnügt vor sich hin, als ob das Tragen eines Baumes ein Zuckerschlecken war.

Nach ein paar Metern konnte der Riese, der unter dem Gewicht beinahe zu Boden ging, keinen weiteren Schritt mehr machen und rief: „Paß auf, ich laß jetzt den Baum fallen."

Der kleine Mann sprang auf den Boden und streckte sich mit beiden Armen nach dem Baum, als ob er seinen Teil schon immer erfüllt hatte.

„Für einen Mann deiner Größe bist du nicht gerade stark", bemerkte er.

Das ungleiche Paar ging weiter, und bald kamen sie an einen Kirschbaum, der voller Früchte war.

Der Riese reichte in die Spitze und griff sich die reifesten Kirschen von den obersten Ästen. Dann bog

er die Äste nach unten, damit der Schneider auch einige Kirschen essen konnte.

Natürlich war der Schneider zu schwach, um die Äste herunterzuhalten. Als nun der Riese losließ, schwang der Baum wieder zurück und trug den kleinen Mann in die Luft.

Als er wieder auf den Boden fiel, sagte der Riese: „Was ist los mit dir? Hast du etwa nicht genug Kraft, einen solchen kleinen Baum zu biegen?"

„Das hat mit Kraft absolut nichts zu tun", erwiderte der kleine Schneider. „Einige Jäger schießen mit ihren Gewehren durch das Gebüsch. Deshalb spran ich über den Baum, denn ich wollte mich vir deren Kugeln retten. Schaffst *du* sowas etwa nicht?"

Der Riese versuchte es, schaffte es aber nicht und blieb nur in den Ästen stecken. Der Schneider hatte den Vorteil schon wieder auf seiner Seite.

„Weil du solch ein kräftiger Mann bist", sagte der Riese, „lade ich dich in unsere Höhle ein, wo du die Nacht mit uns verbringen kannst."

Der Schneider ging glücklich darauf ein. Als sie ankamen, sahen sie andere Riesen, die um ein Feuer saßen, jeder mit einem gebratenen Schaf in der Hand.

Der Riese zeigte dem kleinen Schneider ein Bett, wo er sich hinlegen konnte. Das Bett war aber zu groß für

seinen kleinen Körper, und deshalb kuschelte er sich in die Ecke.

Um Mitternacht dachte der Riese, daß der Schneider tief schlief. Deshalb nahm er eine große Eisenstange, schlug das Bett in der Mitte durch, um den kleinen Mann zu töten.

Am nächsten Morgen standen die Riesen in aller Frühe auf. Sie hatten alle den kleinen Schneider vergessen. Als sie ihn aus der Höhle kommen sahen, putzmunter und obendrein noch frech, fürchteten sie sich und so schnell sie konnten, rannten sie in den Wald.

Der kleine Schneider setzte seine Reise fort, immer noch die Nase hoch. Nach einer langen Tageswanderung erreichte er den Garten eines Palastes. Weil er sich ein wenig müde fühlte, streckte er sich auf dem Gras aus und schlief ein.

Einige Arbeiter vom Palast fanden ihn. Sie schauten ihn von allen Seiten an und lasen auf seinem Gürtel: SIEBEN AUF EINEN STREICH!

„Oh! Warum ist dieser große Krieger in Friedenszeiten hier?" fragten sie sich. „Er muß ein wichtiger Herr sein."

Sie gingen zum König und erzählten ihm, was sie gesehen hatten und daß dieser Mann sehr nützlich sei,

wenn Krieg ausbrechen würde. Sie sollten ihn auf keinen Fall gehen lassen.

Der König folgte ihrem Ratschlag und sandte einen Hofdiener aus, der dem kleinen Mann dienen sollte, sobald er aufwachte. Als der Schneider seine Augen öffnete und sich streckte, bot ihm der Hofdiener sofort seine Dienste an.

„Ich bin tatsächlich aus diesem Grund gekommen", sagte der Schneider. „Ich bin bereit, die Dienste des Königs anzunehmen."

Er wurde nach allen Regeln der Kunst willkommen geheißen und erhielt ein Appartment im Schloß. Die Soldaten des Königs aber waren auf ihn eifersüchtig.

„Was passiert, wenn wir mit ihm in Streit geraten?" murmelten sie sich gegenseitig zu. „Er wird uns anspringen und Sieben auf einen Streich töten. Niemand von uns wird das überleben, wir hätten keine Chance!"

Sie entschlossen sich, zum König zu gehen und um ihre Entlassung zu bitten. „Wir können mit einem Mann nicht am gleichen Platz arbeiten, der Sieben auf einen Streich getötet hat", sagten sie ihm.

Der König war voller Sorge, als er alle seine Soldaten von heute auf morgen gehen lassen mußte. Er wünschte sich im Innern, daß er sich niemals für diese Person interessiert hätte, denn sie gab ihm nur Probleme. Er war bereit, den kleinen Schneider loszuwerden.

Aber der König traute sich nicht, ihn zu entlassen. Er fürchtete sich zu sehr, daß der furchtbare Mann ihn töten könnte, um den Thron zu erlangen.

Der König dachte und dachte nach. Endlich hatte er einen Plan. Er wollte dem kleinen Schneider ein Angebot machen, das dieser als großer Krieger nicht ablehnen konnte.

Es gab zwei große Riesen, die alle Arten von Verbrechen unternahmen und im Wald des Königreiches lebten. Niemand näherte sich ihnen, ohne um das Leben zu bangen. Wenn der Schneider sie besiegen und töten könnte, würde der König ihm seine Tochter zur Frau geben und obendrein das halbe Königreich dazu. Er gab ihm noch hundert Reiter, um diese Aufgabe auszuführen.

Der kleine Schneider dachte, daß dies eine einmalige Gelegenheit war. Er war einverstanden, mit den beiden Riesen zu kämpfen, aber ohne die hundert Reiter. Er sagte, wer Sieben auf einen Streich besiegt, fürchtet sich dann auch vor zwei Gegnern nicht.

Er machte sich sofort zum Wald auf, die hundert Reiter folgten ihm. Als er an den Waldrand kam, befahl er ihnen, zu warten. Denn er wollte die zwei Riesen eigenhändig besiegen.

Er ging in den Wald und hielt vorsichtig nach ihnen Ausschau. In weniger als einer Sekunde entdeckte er die

zwei Riesen. Sie schliefen unter einem Baum und schnarchten so laut, daß die Äste davon schüttelten.

Der kleine Schneider füllte seine Taschen mit Steinen und kletterte sofort in den Baum. Dann kroch er einen Ast entlang, der gerade über den beiden schlafenden Riesen hing, und warf die Steine hinunter, auf die Brust von einem der Riesen.

Es dauerte lange, bevor der Riese etwas merkte. Aber endlich wachte er auf, schüttelte seinen Freund und sagte: „Warum schlägst du mich?"

„Du träumst wohl", sagte der andere. „Ich hab dich nicht berührt."

Dann schliefen sie wieder ein. Der Schneider begann nun, Steine auf den anderen Riesen zu werfen.

„Was ist das?" schrie er. „Womit bewirfst du mich?"

„Ich habe nichts nach dir geworfen. Du träumst wohl", erwiderte der andere.

Sie begannen, zu diskutieren, waren aber zu müde, um es lange zu tun. Nach einer Weile schliefen sie wieder ein.

Der kleine Schneider setzte sein Spiel fort. Dieses Mal warf er noch größere Steine.

„Jetzt reicht es aber!" rief der Riese.

Er sprang wie ein Wahnsinniger auf und warf sich auf seinen Freund, der sich wütend verteidigte. Der Kampf wurde so unerbittlich, daß sie sogar Bäume aus dem

Boden rissen und als Waffen benutzten. Sie kämpften solange, bis beide tot zu Boden fielen.

Dann verließ der kleine Schneider sein Versteck.

Er zog sein Schwert, stieß es in beide Riesen, ging zu seinen Reitern zurück und sagte: „Es ist vorbei und aus. Ich habe beiden den letzten Stoß gegeben. Der Kampf war furchtbar, denn sie rissen sogar Bäume aus und warfen sie nach mir. Aber es ist kein Kraut gegen jemand gewachsen, der Sieben auf einen Streich getötet hat, oder?"

„Bist du nicht verletzt?" fragten die Reiter.

„Nein!", sagte er. „Kein einziges Haar wurde mir gekrümmt."

Die Reiter konnten das nicht glauben und gingen in den Wald. Zu ihrer großen Überraschung fanden sie die beiden Riesen, mit Blut bedeckt, und Bäume rings um sie herum liegen.

Der kleine Schneider ging zum König, um seine Belohnung zu beanspruchen. Der König bedauerte sein Versprechen und versuchte, einen anderen Weg zu finden, um den Schneider loszuwerden.

„Es gibt noch eine andere Aufgabe, die du erfüllen mußt, bevor ich dir meine Tochter und die Hälfte meines Königreiches gebe", sagte der König. „Es gibt ein gefährliches Einhorn, das durch die Wälder streift und

großen Schaden anrichtet. Ich möchte, daß du es einfängst und zum Palast bringst."

„Ich fürchte mich noch weniger vor einem Einhorn als vor zwei Riesen. Mein Motto lautet ‚Sieben auf einen Streich'", sagte der kleine Schneider.

Er nahm sich ein Seil und eine Axt und ging in den Wald. Er befahl den Soldaten, die ihn begleiteten, am Waldrand zu warten.

Bald danach erschien das Einhorn, setzte gegen den Schneider an und wollte ihn mit dem Horn aufspießen.

„Sachte, sachte", sagte der Schneider. „Nur nicht so schnell!"

Er stand still, bis das Tier beinahe an ihn herankam. Dann wich er schnell hinter einen Baum aus.

Es rannte sein scharfes Horn mit aller Macht so tief in den Baum, daß es für das Einhorn unmöglich war, sich wieder zu befreien. Es war gefangen.

Der kleine Schneider kam aus seinem Versteck hervor und legte das Seil um den Hals des Einhorns. Dann löste er mit seiner Axt das Horn, denn es steckte im Baum fest, und brachte es zum König.

Der König war erstaunt, daß er das Einhorn gefangen hatte. Aber noch immer wollte er dem Schneider seine Belohnung verweigern. Statt dessen hatte er eine dritte Forderung für ihn.

Der Schneider wurde beauftragt, einen wilden Keiler zu fangen, der im nahen Wald wütete. Der Mann konnte auch die Hilfe der königlichen Jäger in Anspruch nehmen. Der König war davon überzeugt, daß der kleine Schneider dieses Mal mit Sicherheit versagen würde.

Obwohl der Schneider den Plan des Königs sofort durchschaute, ging er auf die dritte Forderung ein, und sagte, das dies nur ein Kinderspiel sei.

Bevor er in den Wald ging, lehnte er wieder jede Hilfe der Jägern ab. Sie waren über seine Entscheidung

nicht böse, denn der Keiler hatte schon mehr als einmal die Oberhand behalten und eine Anzahl Jäger auf den früheren Jagden getötet oder verletzt.

Der Schneider zog entlang des Weges, und es dauerte nicht lange, bis er dem Keiler begegnete.

Sobald der Keiler den Schneider sah, griff er ihn an und versuchte, ihn mit seinen scharfen Zähnen zu schnappen. Mit Leichtigkeit hätten sie ihn durchbeißen können. Der flinke Mann eilte in eine nahegelegene Kapelle und sprang am anderen Ende sofort wieder aus dem Fenster.

Der Keiler folgte ihm in die Kapelle. Mit zwei großen Sätzen rannte der Schneider zum Eingang zurück und schlug die Türen zu. Das wilde Biest war gefangen, denn es war zu groß, um durch das Fenster zu entkommen.

Als der Schneider nun zum König ging, war dieser an sein Wort gebunden und gab dem Mann seine Tochter und die Hälfte seines Königreiches. Hätte er nur die blasse Ahnung gehabt, daß sein Schwiegersohn kein großer Krieger sondern nur ein einfacher Schneider war, er hätte ihn verstoßen. Die Hochzeit wurde mit viel Aufwand, aber wenig Freude gefeiert, und der kleine Schneider wurde König.

Eines Nachts hörte die junge Königin ihren Ehemann im Schlaf sprechen.

„Beeil dich, Anfänger, beende die Arbeit an der Jacke und flicke jene Hosen, oder ich werde dir einen guten Hieb versetzen", murmelte er vor sich hin.

Sie bemerkte, daß der junge Mann nicht das war, was er vorgab zu sein, und hörte näher zu. Bald entdeckte sie, daß er in einem Schneiderladen aufgewachsen war.

Am nächsten Morgen ging sie zu ihrem Vater und beklagte sich bei ihm. Sie bettelte ihn an, sie von ihrem Mann loszusprechen, da er nur ein einfacher Schneider war.

Der König versprach, ihr zu helfen.

„Laß dein Zimmer heute Nacht unverschlossen", sagte er. „Meine Soldaten werden die Tür bewachen, und wenn der Schneider tief schläft, werden sie kommen und ihn in Ketten legen. Dann werden sie ihn auf ein Schiff setzen, das ihn in die Ferne bringt."

Die junge Frau war darüber hocherfreut, aber ein Lakaie vom König hatte alles mitgehört und weil er den jungen König mochte, erzählte er ihm vom Plan.

„Ich werde dem Ganzen sofort Einhalt gebieten", sagte der Schneider zu sich selbst.

Am selben Abend ging er wie gewohnt zu Bett. Als seine Frau dachte, er würde tief schlafen, stand sie auf und schloß die Tür auf. Dann ging sie ins Bett zurück.

Der kleine Mann, der nur so tat, als ob er schlafen würde, schrie: „Beeil dich, Anfänger, beende die Arbeit an der Jacke und flicke die Hosen, oder ich werde dir einen guten Hieb versetzen. Ich habe Sieben auf einen Streich besiegt, zwei Riesen getötet, ein Einhorn gejagt und einen Keiler gefangen. Denkst du etwa, daß ich mich vor den Leuten fürchte, die vor meiner Tür stehen?"

Als die Soldaten das hörten, bekamen sie es mit der Angst zu tun und rannten davon, als ob sie vom Bösen geritten würden. Von da an traute sich keiner mehr, sich mit ihm zu messen, und der Schneider blieb König für den Rest seines Lebens.

Der Däumling

Eines Abends saß ein armer Bauer am Herd und schürte das Feuer, um etwas Wärme zu erzeugen. Seine Frau saß neben ihm und spann einen Faden.

„Wirklich traurig, daß wir keine Kinder haben!" sagte er. „Es ist hier alles immer so ruhig, während in anderen Häusern Lärm und Leben ist."

„Das ist wahr!" seufzte seine Frau. „Wenn wir nur ein Kind hätten. Und wenn es auch nur sehr klein, nicht größer als mein Daumen wäre, würden wir zufrieden sein und es von ganzem Herzen lieben."

Nun geschah es, daß der Wunsch der Frau erfüllt wurde. Nachdem sieben Monate vergangen waren, gebar sie ein Kind, das in allem vollkommen war, mit Ausnahme, das es nicht größer als ihr Daumen war.

„Es ist das, was wir uns gewünscht hatten", sagte sie. „Wir werden unser Kind lieb haben."

Wegen seiner Größe nannten sie es Däumling. Obwohl er viel zu Essen bekam, wurde er nicht größer, sondern blieb so groß wie bei der Geburt. Er hatte eindrucksvolle Augen und war in allen Dingen erfolgreich, denn er war sehr klug.

Eines Tages wollte der Bauer zum Holzfällen in den Wald gehen.

„Ich wünsche, jemand könnte mir das Fuhrwerk bringen", sagte er zu sich.

„Oh Vater, ich will dafür sorgen", schrie der Däumling. „Du kannst dich auf mich verlassen! Das Fuhrwerk ist zur richtigen Zeit im Wald."

Der Mann begann zu lachen und sagte: „Wie kann das nur geschehen? Du bist zu klein, um das Pferd an den Zügeln zu führen."

„Das macht nichts, Vater!", erwiderte der Junge. „Wenn die Mutter nur das Geschirr anlegt, sitze ich im Ohr des Pferdes und erzähle ihm, wo es langzugehen hat."

„Gut, versuchen können wir es ja", sagte der Mann.

Als es Zeit wurde, zäumte die Mutter das Pferd und

setzte den Däumling in das Ohr. Er gab dem Pferd die Befehle und sagte ihm, wo es langzugehen hatte. Mal rief er „Hü!", dann wieder „Hott!" Er ging mit dem Pferd um, als ob er ein Reiter war. Das Fuhrwerk bewegte sich direkt auf den Wald zu.

Gerade als das Pferd um eine Kurve kam, und der Däumling „Hü! Hü!" rief, kamen ihm zwei Fremde entgegen.

„Was ist das denn hier?" sagte der eine. „Das Fuhrwerk bewegt sich, das Pferd bewegt sich, aber wir sehen keinen Kutscher?!"

„Etwas stimmt hier nicht", rief der andere. „Laß uns dem Fuhrwerk folgen und sehen, wo es anhält."

Das Fuhrwerk rollte in den Wald und erreichte genau den Platz, an dem das Holz geschnitten war.

Als der Däumling seinen Vater sah, rief er: „Siehst du, Vater! Hier bin ich mit dem Fuhrwerk. Jetzt kannst du mich auf den Boden setzen."

Der Vater hielt mit der einen Hand die Zügel, mit der anderen Hand nahm er seinen Sohn aus dem Ohr des Pferdes. Dann setzte sich der Junge vergnügt auf einen Strohhalm.

Als die beiden Fremden den Däumling sahen, waren sie so überrascht, daß sie nicht wußten, was sie sagen sollten.

Dann nahm der eine den anderen zur Seite und sagte:

„Hör mal zu! Dieser kleine Gefährte ist ein Vermögen wert, wenn wir ihn in einer großen Stadt für Geld vorführen. Wir müssen ihn unbedingt kaufen."

Als sie sich vom Däumling zum Vater wendeten, sagten sie: „Verkauf uns diesen kleinen Mann. Wir werden uns um ihn kümmern."

„Nein!" erwiderte der Vater, „er ist mein Augapfel, ich verkaufe ihn nicht für alles Gold der Welt."

Als nun der Däumling das Angebot hörte, kletterte er die Falten an der Jacke vom Vater hoch. Dann setzte er sich auf seine Schulter und flüsterte ihm ins Ohr: „Vater, verkauf mich doch heute. Ich komme bald wieder nach Hause zurück."

Nach einer kleinen Diskussion verkaufte ihn der Vater für viel Geld an die Männer.

„Wo möchtest du sitzen?" fragten ihn die Männer.

„Oh, setzt mich doch auf die Hutkrempe. Dort kann ich hin- und herlaufen, kann mir die Landschaft anschauen und falle nicht herunter", erwiderte der Däumling.

Sie taten, wie er es gesagt hatte. Nachdem er seinem Vater ‚Auf Wiedersehen' gesagt hatte, machten sie sich auf den Weg.

Sie reisten, bis es dunkel wurde. Dann sagte der Däumling: „Setzt mich für einen Moment auf den Boden!"

„Oh nein! Du bleibst jetzt da oben", sagte er eine, der ihn trug. „Das ist kein Unterschied für mich."

„Nein!" sagte der Däumling. „Ich hab ein Bedürfnis. Schnell, setz mich auf den Boden."

Der Mann nahm seinen Hut und setzte ihn auf den Boden neben der Straße. Der Däumling sprang in das dichte Unterholz und verschwand ganz flink in einem Mauseloch, das er zuvor gesehen hatte.

„Auf Wiedersehen, meine Herren! Ihr könnt eure Reise ohne mich fortsetzen!" sagte er spöttisch und verschwand.

Die Männer rannten ihm hinterher und stocherten mit ihren Stöcken im Mauseloch umher, jedoch

vergebens. Der Däumling krabbelte tiefer hinein. Als es draußen dunkel wurde, konnten sie nichts mehr unternehmen und kehrten zornig und mit leeren Taschen nach Hause zurück.

Als der Däumling deren Stimmen nicht mehr länger hörte, kam er aus dem Loch.

„Wenn es dunkel wird, ist es auf dem Boden gefährlich," sprach er zu sich. „Ich könnte mir mit Leichtigkeit einen Arm oder das Bein brechen. Ich schaue besser nach einem Platz, wo ich mich ausruhen kann."

Glücklicherweise fand er ein leeres Schneckenhaus.

„Gott sei Dank!" sagte er. „Hier kann ich die Nacht sicher verbringen." Und er kroch in das Gehäuse.

Ein wenig später war er gerade am Einschlafen, als zwei Männer vorbeigehen.

Einer von ihnen sagte: „Wie stellen wir es nur an, das Silber und Gold vom reichen Pastor zu stehlen?"

„Ich kann euch weiterhelfen!" schrie der Däumling.

„Was war das?" sagte einer der Diebe zitternd. „Ich hörte eine Stimme."

Sie standen still und lauschten. Der Däumling fuhr fort: „Nehmt mich mit, ich will euch helfen!"

„Wo bist du?" riefen sie.

„Schaut auf den Boden und lauscht, woher die Stimme kommt", antwortete er.

Endlich fanden ihn die Diebe und nahmen das Gehäuse auf.

„Hör zu, kleiner Gefährte. Wie glaubst du, uns helfen zu können?" fragten sie.

„Oh, ich kann durch das Fenstergitter in das Zimmer vom Pastor klettern und euch alles herausreichen, was ihr wollt", erwiderte der Däumling.

„Gut, wir werden sehen, was du kannst", entschieden sie.

Bald erreichten sie das Pfarrhaus, und der Däumling schlüpfte durch das Gitter ins Zimmer. Als er drinnen

war, schrie er, so laut wie er nur konnte: „Wollt ihr alles?"

Die Diebe erschauderten und sagten: „Schhhh! Rede leise, damit du keinen aufweckst."

Aber der Däumling tat so, als ob er sie nicht gehört hatte, und schrie wieder: „Was wollt ihr? Wollt ihr etwas von hier?"

Eine Köchin, die im nächsten Zimmer schlief, hörte die Stimmen. Sie richtete sich im Bett auf und versuchte etwas zu verstehen. Die erschrockenen Diebe aber rannten davon.

Nach einer Weile hatten sie sich jedoch wieder gefangen und sagten zueinander: „Der kleine Gefährte will uns unterkriegen."

Sie gingen zum Haus zurück und flüsterten: „Nun komm mal her, sei ernsthaft und reich uns etwas heraus."

Aber der Däumling schrie wieder so laut, wie er nur konnte: „Ja, ich will euch alles geben. Kommt etwas näher heran und streckt eure Hände herein."

Die Köchin sprang mit einem Satz aus dem Bett, die erschrockenen Diebe aber rannten weg, als ob sie der Böse reiten würde.

Als die Köchin in das Zimmer kam, konnte sie nichts finden. Sie machte das Licht an und durchsuche das ganze Haus, konnte den Däumling aber nicht entdecken. So ging sie wieder schlafen und dachte noch, daß sie alles nur geträumt hatte.

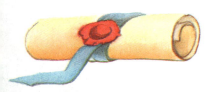

Der Däumling verließ das Haus und ging in die Scheune. Dort kletterte er in einen Heuhaufen und fand einen gemütlichen Platz zum Schlafen.

Er plante, dort bis zum nächsten Morgen zu bleiben und dann zu seinen Eltern zurückzukehren. Aber es gab noch weitere Abenteuer für ihn. Die Welt kann viel Unruhe und Unglück bringen, und der Däumling würde dies am nächsten Tag herausfinden!

Die Köchin stand wie immer beim Morgengrauen auf, um die Tiere zu füttern. Zuerst ging sie in den Schuppen, wo sie einen armvoll Heu nahm. Es war genau von der

Stelle, wo der Däumling schlief. Er schlief so fest, daß er nichts merkte. In der Tat wachte er erst auf, als er im Maul der Kuh war, die das Heu fraß.

„Du meine Güte", rief er und bemerkte die Gefahr, in der er war, „Wie komme ich nur hierher?"

Um nicht von den Zähnen der Kuh zermalmt zu werden, bestand der einzige Ausweg darin, in ihren Magen zu rutschen. Das tat der kleine Bursche auch. Die Kuh bemerkte von alledem nichts und ließ sich beim Fressen nicht stören.

„Jemand vergaß, Fenster in diesen kleinen Raum zu tun", sagte er, als er im Magen landete. „Es scheint hier keine Sonne, und es wird schwierig sein, eine Kerze zu finden."

Der Däumling war mit seinem neuen Zuhause sehr unglücklich, gerade deshalb, weil immer mehr Heu hineinkam. Der Platz um ihn herum wurde kleiner und kleiner.

Voller Panik schrie er so laut wie er nur konnte: „Gebt mir nicht mehr Heu! Gebt mir nicht mehr Heu!"

Die Köchin war gerade damit beschäftigt, die Kuh zu melken, als sie die Stimme hörte. Sie konnte aber niemand sehen. So setzte sie ihre Arbeit fort. Und wieder schrie der Däumling.

Plötzlich erkannte sie die Stimme. Es war die gleiche wie die in der letzten Nacht. Sie war so erschrocken,

daß sie vom Schemel fiel und die ganze Milch verschüttete.

Dann eilte sie zum Herrn und rief: „Ach du meine Güte! Pastor, die Kuh spricht!"

„Du bist verrückt!" antwortete der Pastor, der aber trotzdem in die Scheune ging, um sich davon zu überzeugen.

Sobald er seinen Fuß in die Scheune gesetzt hatte, begann der Däumling wieder laut zu schreien: „Gebt mir nicht mehr Heu zu fressen! Gebt mir nicht mehr Heu zu fressen!"

Auch der Pastor erschrak. Er dachte, die Stimme vom

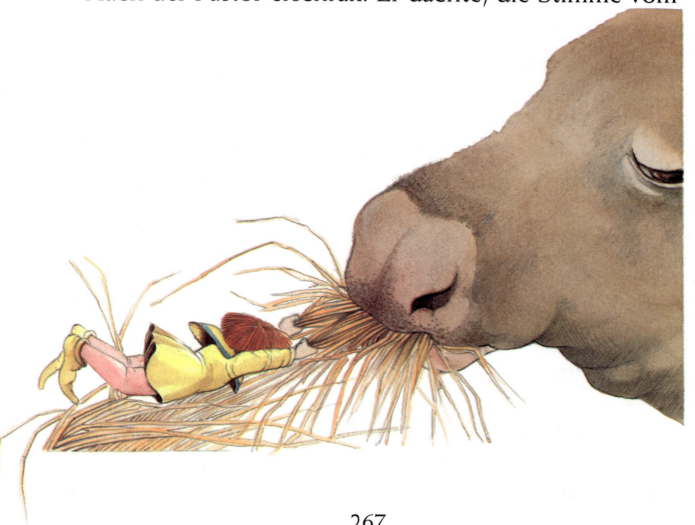

Bösen zu hören und befahl, die Kuh zu schlachten.

Als die Kuh geschlachtet wurde, warfen sie den Magen mit dem Däumling auf den Abfallhaufen.

Dieser dachte, daß er nun in der Lage wäre, zu fliehen. Aber als er den Kopf gerade heraussteckte, geschah ein anderes Unglück.

Ein hungriger Wolf kam vorbei und verschlang den ganzen Magen mit einem Bissen. Doch der Däumling verlor nicht den Mut.

„Vielleicht hört der Wolf, was ich ihm zu sagen habe." dachte er. Und aus dem Bauch des Wolfes rief er: „Lieber Wolf! Ich weiß einen besonderen Leckerbissen, über den du dich wirklich freuen wirst!"

„Wo kann ich den finden?" fragte der Wolf, obwohl er sich wunderte, eine Stimme aus seinem Magen zu hören.

„Ich bringe dich dorthin. Und du wirst Kuchen, Schinken und Wurst finden, alles, was du fressen kannst." Dann erklärte er ihm ganz genau, wie das Vaterhaus aussah.

Dem Wolf brauchte man das nicht zweimal erklären. In derselben Nacht fand er den Weg zum Haus und schlich sich dort durch ein Loch in der Wand in die Küche und von dort in die Speisekammer. Und er fraß und fraß und fraß.

Als er sich sattgefressen hatte, wollte er wieder durch das Loch gehen. Er war aber so fett geworden, daß er

den gleichen Weg, den er gekommen war, nicht wieder zurückgehen konnte.

Daraufhin begann der Däumling, im Magen des Wolfes schrecklich zu schreien.

„Du bist nun aber ruhig!" sagte der Wolf ächzend. „Du weckst ja die Leute auf, die hier leben."

„Das tut mir aber leid", erwiderte der Däumling. „Du hast dich vollgefressen, jetzt laß mir auch ein bißchen Freude." Dann begann er zu rufen und mit aller Kraft zu schreien.

Von diesem Lärm wachten endlich seine Eltern auf. Sie rannten in die Küche und schauten sich dort um. Als sie den Wolf sahen, holte der Mann seine Axt und die Frau griff nach einem Messer.

„Bleib hinter mir", sagte der Mann. „Ich werde auf den Wolf schlagen, du aber schneidest ihn in Stücke."

Als der Däumling die Stimme seines Vaters hörte, rief er: „Lieber Vater, ich bin hier! Ich bin im Magen des Wolfes."

„Meine Güte!", sagte sein Vater. „Unser guter Junge hat uns wiedergefunden. Aber was für eine Art, nach Hause zurückzukommen!"

Er sagte seiner Frau, sie solle das Messer zur Seite legen. Er hatte Angst, daß sie den Däumling damit verletzen könnte, denn er war immer noch im Magen des Wolfes. Dann gab er dem Wolf einen schweren

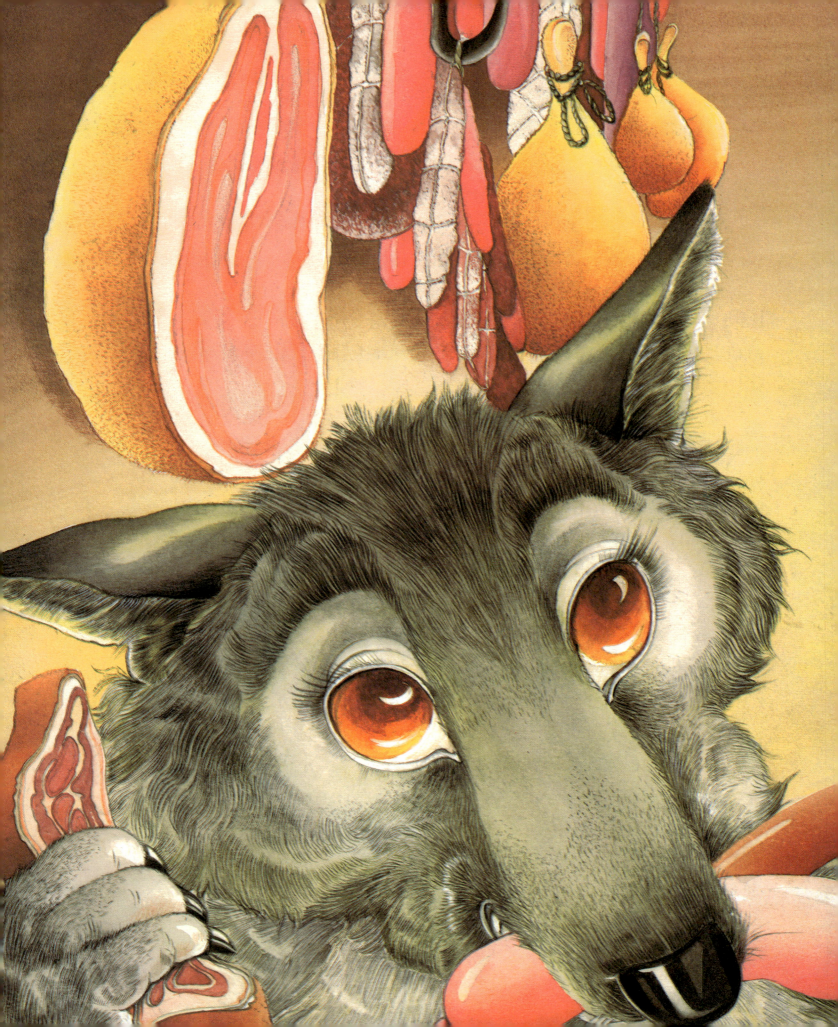

Schlag auf den Kopf, der ihn tötete.

Danach nahm der Vater eine Schere, schnitt den Magen vom Wolf auf und rettete seinen Sohn.

„Gott sei Dank!" sagte er. „Wir haben uns schon Sorgen um dich gemacht."

„Oh ja, Vater! Und es ist gut, wieder frische Luft zu atmen", erwiderte sein Sohn.

„Wo warst du nur?" fragte der Mann.

„Ach, Vater! Ich habe viel von der Welt gesehen. Ich war in einem Mauseloch, in einem Kuh - und einem Wolfsmagen. Jetzt bin ich wieder bei euch zu Hause und möchte auch hierbleiben."

„Und wir werden dich nie wieder verkaufen, nicht für alle Schätze der Welt", sagten seine Eltern.

Und lange umarmten sie ihren kleinen Däumling. Seit jener Zeit war der Däumling viel vorsichtiger, wenn er Reisen unternahm.

Aladin und die Wunderlampe

In der Hauptstadt eines orientalischen Königreichs lebte ein kleiner Junge mit Namen Aladin. Er war ärmlich gekleidet und verbrachte den ganzen Tag damit, mit anderen Spitzbuben barfuß durch die Straßen zu laufen. Er hatte seinen Vater verloren und nun war es die Aufgabe seiner Mutter, ihn zu ernähren. Das Geld zum Essen verdiente sie sich mit Spinnen, was sie von Tagesanbruch bis zum späten Abend tat.

„Eines Tages werde ich alt sein", sagte sie immer wieder zu ihm, „und dann wirst du arbeiten müssen, um deinen Lebensunterhalt zu verdienen!"

Aber Aladin lachte nur. „Einen Beruf? Bis dahin vergeht noch viel Zeit! Ich genieße erst einmal das

Leben!" Dann rannte er nach draußen und suchte nach seinen Freunden.

Als er an einem Nachmittag auf dem Marktplatz spielte, näherte sich ihm ein fremder Mann. Aladin wußte nicht, daß er ein großer Magier war.

Er sagte zum Jungen: „Möchtest du gerne reich werden?"

„Warum nicht!" sagte Aladin. „Jeder muß arbeiten, um Geld zu verdienen. Ich möchte aber lieber Spielen."

Der Magier lächelte: „Arbeit? Was für ein Gedanke! Du sei, wie ich es bin, und du wirst mehr Schätze als ein König haben!"

Aladin vertraute dem Magier und folgte ihm.

Zuerst nahm ihn der Mann zu einem Kleiderhändler, wo er ihm eine prächtige Ausstattung kaufte. Sie bestand aus einer Jacke, mit Goldfäden bestickt, ein Paar Schuhen und eine Pelzmütze. In jenen Tagen trugen nur reiche Leute solche Kleidung.

„Es gibt einen Grund dafür, warum du so elegant gekleidet bist. Damit kannst du den Ort betreten, an den ich dich nehmen werde", sagte der Magier, als Aladin seine Ausstattung bewunderte.

Sie gingen eine lange Zeit und durchquerten dabei die ganze Stadt. Als sie die ländliche Gegend erreichten, blieben sie endlich am Fuße eines Berges stehen.

Aladin sah um sich einen unendlich großen Garten, der mit Büschen bepflanzt war, und verwunderte sich. „Ist es wirklich notwendig, daß ich mich in Seide kleide, nur um hierher zu kommen?" sagte er.

„Warte nur ab und schau her…", sagte der Magier.

Dann nahm er sich die Zeit, ein Feuer anzuzünden, und streute Weihrauch aus einem Glasfläschchen hinein. Ein dicker, blauer Rauch füllte die Luft, und er rief: „Komm herunter, treuergebener Geist, und offenbare dein Geheimnis!"

Plötzlich fühlte Aladin den Boden unter seinen Füßen erzittern, und war so erschrocken, daß er zurücksprang. Direkt vor seinen Augen öffnete sich der Boden, und in der Öffnung lag ein Quader mit einem großen, eisernen Ring.

„Jetzt bist du an der Reihe", sagte der Magier. „Dieser Stein ist magisch. Nur du allein kannst ihn heben. Unter ihm wirst du einen verzauberten Obstgarten finden."

„Er ist viel zu schwer!" beklagte sich Aladin, dem die ganze Sache unheimlich wurde.

„Hör zu!" sagte der Mann, „wenn du den Namen deines Großvaters und Vaters laut rufst und am Ring ziehst, hast du kein Problem, den Stein zu heben."

Der Junge tat, wie ihm gesagt wurde… und hob den Stein. Aber statt eines Obstgartens sah er eine Treppe,

die in eine dunkle Höhle führte. Das ließ ihn erschaudern.

Der Magier erklärte ihm: „Der Obstgarten ist viel weiter weg. Zuerst mußt du die Treppe hinuntergehen, dann drei Hallen durchqueren und endlich noch über eine andere Treppe gehen. Wie du siehst, ist die Treppe für mich zu schmal. Nur du kannst sie benutzen. Aber achte darauf, daß du die Wände nicht berührst, wenn du die Treppe hinuntergehst. Sonst wirst du vom Blitz getroffen!"

Aladin fürchtete sich noch immer, doch der Magier

gab ihm einen Fingerring und sagte: „Dieser Ring ist dein Talisman und beschützt dich. Wenn du das tust, was ich dir gesagt habe, brauchst du nichts zu fürchten. Die zweite Treppe führt zum Obstgarten, wo du soviele Früchte, wie du magst, pflücken kannst. Das Allerwichtigste jedoch, was ich haben möchte, ist eine kleine Lampe, die an einem geheimen Platz am Ende des Obstgartens verborgen ist. Die bring mir!"

Aladin zögerte, aber der Mann drängelte ihn nach innen. So ging er Stufe für Stufe langsam die Treppe hinunter. Er hielt seine Kleidung eng an seinen Körper, und hatte fürchterliche Angst, er könnte versehentlich etwas berühren und vom Blitz getroffen werden.

Nachdem er die unterste Treppenstufe erreicht hatte, durchquerte er ohne Schwierigkeit die drei Hallen. Am Ende der letzten Halle gelangte er zu der zweiten Treppe, auf die Aladin sofort zuging. Dann stieg er langsam die Treppe hinauf und sah am Ende ein Licht. Dadurch aufgemuntert, lief er gleich schneller...

Als er das Ende der Treppe erreichte, befand er sich in einem fantastischen Garten mit Hunderten von Bäumen voller glänzender Früchte! Diese Früchte konnte niemand essen. Die Bäumen waren voller Edelsteine, funkelnder Diamanten, teurer, roter Rubinen und milchweißer Perlen.

Der arme Aladin dachte, daß sie alle aus Glas waren,

wie der billige Schmuck, den seine Mutter trug. Trotzdem entschloß er sich, einige für sie mitzubringen, und füllte seine Taschen. Dann sah er die Lampe in der Vertiefung eines Felsens stehen und erinnerte sich an den Grund seines Besuches. Sofort hörte er mit dem Sammeln auf und ging auf sie zu.

Lampen wie diese konnte man im Orient in jenen Tagen zu Tausenden finden. Deshalb verstand Aladin nicht, warum der Magier diese eine Lampe wollte.

Als er wieder zurückging, fand er den Fremden immer noch an der gleichen Stelle stehen.

„Hast du die Lampe? - Ausgezeichnet!" rief der Mann.

Dann streckte er seine Hand aus und sagte: „Du kannst sie mir jetzt geben. Es ist für dich viel einfacher, die letzten Stufen ohne die Lampe zu gehen."

Aladin sah die Augen vom Mann mit solch einer großen Habgier aufleuchten, daß er ihm nicht traute.

„Nein, Danke! Ich brauche keine Hilfe!" sagte er.

Der Magier bestand darauf. Als er aber sah, daß Aladin nicht so leicht zu bewegen war, wurde er ärgerlich.

„Wie kannst du es nur wagen, mir nicht zu gehorchen!" sagte er böse. „Das wirst du teuer bezahlen!"

Er schüttete den Rest des Inhalts vom Glasfläschchen

in das Feuer und murmelte einige Worte, und der Erdboden zitterte. Und ehe Aladin noch einen Schritt weitergehen konnte, schloß sich die Öffnung!

So schnell er konnte, rannte der Junge zu den Stufen zurück, die in den Obstgarten führten. Dieser Ausweg war aber ebenfalls verschlossen!

„Ich bin wie eine Ratte in der Falle gefangen!" stöhnte der Junge und brach auf den Stufen in Tränen aus.

Er war sicher, daß er dazu bestimmt war, in diesem dunklen Loch zu sterben und schlief ein. - Wie lange schlief er? Das war nicht leicht zu sagen, denn es gab kein Tageslicht.

Als er aufwachte, war er sehr hungrig und fror. Deshalb rieb er sich die Hände, um sie ein wenig zu wärmen. Dabei rieb er auch den Ring, den ihm der Magier gegeben hatte.

Es brauchte nicht viel Reiben, und plötzlich erschien eine eigenartige Figur aus dem Boden. Dieser Mann sah mit seinen krummen Händen, seinem langen Schnäuzer und seinen dunklen Augenbrauen richtig grimmig aus.

Dann sagte er: „Ich bin der Genie von diesem Ring. Dein Wunsch ist mir Befehl. Was möchtest du haben?"

„Ich möchte von diesem Platz weg!" rief Aladin.

Im gleichen Moment, in dem er seinen Wunsch äußerte, wurde er ihm bewilligt. Der Genie

verschwand, und die Höhle öffnete sich. Aladin freute sich sehr und war mit einem Sprung draußen, so frei wie ein Vogel! Und ohne noch mehr Zeit zu verlieren, eilte er nach Hause.

Als seine Mutter Aladin sah, rief sie voller Freude: „Mein Kind! Mein Liebling! Ich dachte, du bist tot! Wo warst du die ganze Zeit?"

Aladin erzählte ihr, was ihm alles passiert war, und zeigte ihr die Lampe und auch die Edelsteine. Auch seine Mutter dachte, daß sie aus Glas waren. Und ohne sich noch weiter darum zu kümmern, legte sie diese in eine Schachtel und vergaß sie.

Die Lampe aber wollte sie verkaufen. Ihr hungriger Sohn hatte das ganze Essen im Haus gegessen, und mit dem Erlös konnte sie wieder etwas Brot kaufen. So nahm sie einen Lappen und polierte die Lampe… Aber zwei Sekunden später ließ sie den Lappen auf den Boden fallen und starrte eine merkwürdige Figur an, die direkt vor ihr stand. Dieser Geist sah so schrecklich aus, als ob er ein böser Geist war. Aber als er sprach, klang er sehr freundlich.

„Ich bin der Genie der Lampe", sagte er. „Sag mir deine Wünsche, und sie werden dir erfüllt."

Es war aber Aladin, der zuerst sprach: „Wir beide wünschen uns etwas zum Essen!"

Sobald er sich dies wünschte, wurde es ihm erfüllt. Der Genie brachte Brot, zwei Flaschen Wein und

allerlei üppige Nahrung, alles auf silbernen Platten serviert. Es reichte für wenigstens vier Mahlzeiten!

Glaubt mir, in jener Nacht gingen Aladin und seine Mutter mit vollem Magen zu Bett. Und jetzt, da sie wußten, auf welche Art der Genie erscheinen konnte, waren sie in der Lage, sich alle Wünsche zu erfüllen. Nur eine leichte Berührung der Lampe des Glücks mit einem Tuch, und innerhalb von zwei Minuten war die Mahlzeit zubereitet!

Bald hatten sie mehr silberne Platten, Gabeln und Löffel, als sie gebrauchen konnten. Deshalb entschieden sie sich, diese zu verkaufen. Und weil sie aus Silber waren, erzielten sie dafür gute Preise. Endlich hatten Aladin und seine Mutter einen Weg gefunden, um ihren Lebensunterhalt zu verdienen, ohne müde zu werden!

Der Genie und die Lampe ermöglichten ihnen für viele Jahre ein gutes Leben. Als Aladin heranwuchs, legte er seine Faulheit ab und begann, sich für neue Dinge zu interessieren.

Er machte Geschäfte mit Kaufleuten, die ihm gute Manieren lehrten und zeigten, wie Glas von Diamanten zu unterscheiden war.

Schließlich erkannte er, daß die farbenprächtigen Früchte aus dem Obstgarten Edelsteine waren. Er und seine Mutter waren in Wirklichkeit reich!

Er war noch dabei, all seinen Reichtum zu zählen und fragte sich, wie er es ausgeben könnte, als ihn etwas von seinen Gedanken ablenkte: Badroulboudour, die älteste Tochter des Sultans und eine Prinzessin von hohem Rang, kam an seinem Haus vorbei.

Sie ging zum Badehaus, gefolgt von ihren Dienerinnen. Sie war als große Schönheit berühmt. Wegen des Schleiers vor ihrem Gesicht und dem Fächer in ihrer Hand war es jedoch unmöglich festzustellen, ob dies auch wirklich zutraf.

Aladin aber, der von der Prinzessin fasziniert war,

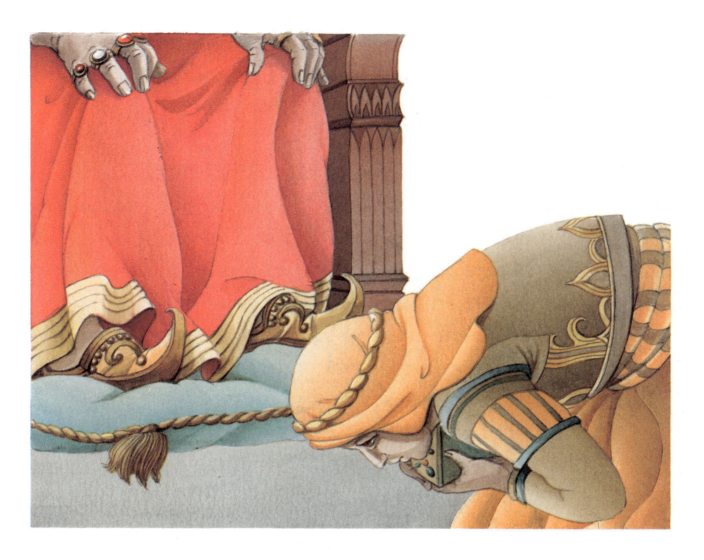

Am dritten Tag konnte seine Mutter den Sultan sehen. Er empfing sie, während er auf seinem majestätischen Thron saß.

Großzügig winkte er sie näher heran. Sie verbeugte sich tief, um seine Füße zu küssen.

„Was kann ich für dich tun, meine gute Frau?" fragte er.

Die arme Frau zitterte und fürchtete sich zuerst sehr, zu ihm zu sprechen.

„Komm, komm! Was gibt es?" drängte er.

„Eure Hoheit", sagte sie endlich, „ich fürchte, daß mein Ersuchen eurer Majestät nicht gefallen wird… Es ist so unsinnig, so sinnlos…"

„Ich befehl dir: Sprich!" sagte der Sultan, der ungeduldig wurde, weil er voller Neugier war. „Was auch immer du mich fragst, es sei dir verziehen."

„Äh, nun ja", sagte sie, „es geht um meinen Sohn, Aladin… er hat… gesehen… er möchte…"

Aber statt endlich die Wahrheit zu sagen, nahm sie das Tuch fort, das die Diamanten zudeckte, und sagte: „Er möchte euch dieses bescheidene Geschenk überreichen."

Der Sultan war überrascht: niemals zuvor hatte er einen solchen Reichtum gesehen!

Aladins Mutter nahm sofort die Gelegenheit wahr und fügte plötzlich hinzu: „Mein Sohn liebt deine Tochter. Er ist in sie innig verliebt und möchte sie heiraten!"

Dann schaute sie auf ihre Füße, und erwartete, daß der Sultan nun wütend werden und sie wegschicken würde…

Aber nichts von alledem passierte! Der Schatz machte einen solchen Eindruck auf den Sultan, daß er sagte: „Sag deinem Sohn, meine Antwort ist ‚Ja!'"

Es war nicht schwer, sich Aladins Freude an jenem

Abend vorzustellen, als seine Mutter nach Hause zurückkehrte. Er wird die Tochter vom Sultan heiraten!

Aber am nächsten Morgen erhielt er vom Sultan eine Nachricht, die Folgendes enthielt:

„Wenn der junge Aladin die Hand meiner Tochter in einer Hochzeit bekommen möchte, muß er mir vierzig Schüsseln voller Edelsteine, Perlen und Diamanten durch vierzig Diener überbringen."

„Er hat seine Meinung geändert", sagte die Mutter zu ihrem Sohn. „Ich wußte, dieses würde geschehen. Er fand heraus, daß wir in Wirklichkeit arm sind und möchte nicht zugeben, daß er sein Versprechen gebrochen hat. Deshalb fragt dich der Sultan um etwas, das du ihm nicht geben kannst!"

„Nun ja, das muß erst einmal abgewartet werden!" erwiderte Aladin, und er suchte sofort nach seiner Wunderlampe.

Sobald er an ihr rieb, erschien der Genie.

„Was wünschst du?" sagte er mürrisch.

Aladin sagte es ihm, und zwei Sekunden später erschienen alle vierzig Diener.

Das kleine Haus war von einem zum anderen Augenblick überfüllt. Die Diener sahen in ihren großartigen Kleidern prächtig aus. Auf ihren Köpfen trugen sie große Silberschüsseln, die bis zum Rand mit Diamanten gefüllt waren!

Aladin befahl ihnen, zum Palast zu gehen und ihre Schätze der Prinzessin zu Füßen zu legen. Dann sagte er zu seiner Mutter: „Geh mit ihnen. Du wirst mir die Antwort des Sultans bringen."

Als sie nach einer Stunde vom Palast zurückkam, war die gute Frau am Weinen. Aladin befürchtete, daß sie versagt hatte, und verlor fast den Kopf… aber bald stellte sie alles richtig.

„Schau nicht so traurig, du dummer Junge, das sind Freudestränen!" rief sie. „Als der Sultan die Diener ankommen sah, überlegte er keine Sekunde, sondern rief: ‚Einer, der mir soviel Reichtum bieten kann, ist wert, die schönste Prinzessin zu heiraten!' Ich bin so stolz auf dich, mein Sohn!"

Aladin war begeistert. Er umarmte seine Mutter und tanzte mit ihr durch das Zimmer.

„Ich mache mir nur um eine Sache Sorgen", sagte sie schließlich. „Der Großwesir des Sultans war der

einzige, der nicht glücklich war. Sein Sohn hatte ebenfalls gehofft, die Prinzessin heiraten zu können. Du hast diesen Mann zukünftig vorsichtig zu beobachten."

Aber Aladin hörte nicht mehr hin. Er nahm die Wunderlampe und rieb an ihr.

Als der Genie erschien, befahl er: „Ich möchte ein Bad nehmen!"

Kaum hatte er diese Worte gesagt, da fühlte er sich von unsichtbaren Händen gehoben und in ein gewaltiges Schwimmbecken getaucht, das mit übersprudelndem Parfümwasser gefüllt war. Was für ein wunderbares Bad! Er fühlte sich danach viel besser, denn er kam von Kopf bis Fuß sauber und gepflegt heraus.

Dann zog er sich prächtige Kleider an. Als ihn seine Mutter sah, stieß sie einen Freudesschrei heraus, denn er sah so stattlich aus.

„Das ist nur der Anfang", sagte er lächelnd. „Der Genie hat mir hundert Diener und ein Pferd, und für dich, liebe Mutter, dreißig ehrbare Diener versprochen!"

Sobald er diese Worte gesagt hatte, erschien alles.

Aladin hatte nie zuvor ein Pferd geritten, aber bestieg es jetzt ohne irgendwelche Schwierigkeiten. Der Genie hatte an wirklich alles gedacht.

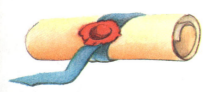

„Zum Palast des Sultans", rief er und trieb das Pferd an.

Das Pferd gehorchte und alle folgten ihm.

Die Leute, die diesen wunderbaren Umzug vorüberziehen sahen, konnten ihren Augen nicht trauen, besonders als die Diener begannen, Goldstücke in die Luft zu werfen!

„Lang lebe Aladin!" rief die Menge und hob das Geld auf.

Dann öffneten sich die Palasttore für ihn weit, und der Sultan hieß ihn willkommen. Er war vom Anblick seines zukünftigen Schwiegersohnes nicht enttäuscht, ebensowenig Badroulboudour.

Sie hatte sich hinter Vorhängen versteckt, schaute von dort auf Aladin und verliebte sich sofort in ihn. Zu jenem Zeitpunkt war es für sie immer noch verboten, ihm ihr Gesicht zu zeigen, denn laut orientalischer Sitte in jenen Tagen hatte sie ihr Gesicht bis zum Tage der Hochzeit zu verschleiern.

Aladin sprach mit ihrem Vater. Alles lief gut, und der Sultan lud den jungen Mann und seine Mutter zu einem prächtigen Fest ein.

„Ehre mit dir, Aladin!" sagte er und erhob sein Glas. „Du bist wert, meine Tochter zu heiraten, und ich gebe dir ihre Hand! Wann soll die Hochzeit stattfinden?"

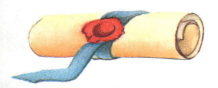

„Sobald ich einen Palast gebaut habe, der für sie so schön sein soll, daß sie darin wohnen möchte!" antwortete der junge Mann.

„Gut gesprochen!" sagte der Sultan, und leerte sein Glas.

Am gleichen Abend fragte Aladins Mutter zu Hause: „Erklär mir etwas, mein Sohn, was ich nicht verstehe. Die ganze Zeit über hast du nur noch von einer Sache geträumt, nämlich davon, die Prinzessin zu heiraten. Wo jetzt dein Traum in Erfüllung geht, zerstörst du alles, indem du ein Versprechen gibst, das du nicht halten kannst! Bist du denn verrückt geworden?"

„Keineswegs", antwortete Aladin und griff nach der Wunderlampe.

Aladin äußerte seinen Wunsch schon, bevor der Genie überhaupt zum Sprechen kam: einen Palast, völlig aus Marmor und für die Prinzessin angemessen. Die Wände sollen mit Diamanten geschmückt sein, Mosaike den Fußboden verzieren, alles soll von der besten Qualität und von prächtigen Gärten umgeben sein!

Der Genie hörte sich dies alles an, und es war nicht die letzte Überraschung! Als der Genie endlich etwas sagen konnte, fragte er: „Und wo möchtest du diesen Palast haben?"

„Gegenüber vom Palast des Sultans", antwortete Aladin.

„Sehr gut", sagte der Genie und verschwand.

Am nächsten Morgen erschien der Genie wieder und sagte: „Dein Palast ist gebaut. Möchtest du ihn besuchen?"

Der junge Mann war von dieser Geschwindigkeit total verblüfft, aber er nickte. Eine Sekunde später wurde er zum Palast gebracht.

Dieser war genauso, wie er es beauftragt hatte… nur zehnmal größer, zehnmal verblüffender und blendender! Als er nach innen ging, bemerkte Aladin

eine Anzahl Leute, die schon recht beschäftigt waren: Zimmermädchen, Köche, Diener und Wachen. Und jeder, der ihn vorbeikommen sah, verbeugte sich tief.

Er konnte den Palast des Sultans von einem Vorderfenster aus sehen. Dieser Palast war unmittelbar gegenüber vom eigenen gelegen, so wie er es sich gewünscht hatte. Und zwischen den beiden Palästen lief eine breite Straße entlang. Die Prinzessin konnte ihren Vater jeden Tag sehen, auch nachdem sie verheiratet war. Aladin war von allem hingerissen und bedankte sich beim Genie herzlich.

Aber einer im Palast des Sultans war nicht erfreut. Es war mit Sicherheit nicht die Prinzessin und auch nicht ihr Vater. Denn als beide aufwachten, applaudierten sie beim Anblick dieses Wunders. Nein! Es war der Großwesir, der sich beschwerte, protestierte, tobte und seufzte.

„Dieser Palast ist nicht echt!" rief er zum Sultan. „Das ist nur ein wundersamer Trick! Niemand kann einen Palast in einer Nacht bauen!"

„Magie oder nicht, der Palast steht da!" erwiderte der Sultan. „Dank gebührt Aladin, der reich und mächtig ist! Was du auch denkst, er verdient die Prinzessin und wird sie morgen heiraten!"

Gesagt, getan! Die Hochzeit wurde am nächsten Morgen im Palast des Sultans gefeiert, und am gleichen

Abend zog das jungvermählte Paar in ihren prächtigen Palast auf der gegenüberliegenden Seite der Straße.

So begann eine schöne Liebesgeschichte. Das Paar mochte sich von Tag zu Tag immer mehr. Auch Aladins Mutter, die in der Nachbarschaft wohnte, kam mit Badroulboudour sehr gut aus.

Aladin half, daß Königreich des Sultans zu regieren. Und wie die Zeit verging, so wuchs seine Verantwortung und die Liebe dafür mehr und mehr. Jedesmal, wenn er in die Moschee oder zum Jagen ging, verteilte er Goldstücke ans Volk. Jedermann im Land sprach in hohem Maße von seiner Güte und Freigiebigkeit und von seiner Begabung, Gesetz und Ordnung zu wahren.

Er war auch über die Grenzen, Berge und Meere hinweg so bekannt, daß sein Name selbst in Afrika erwähnt wurde. Dort lebte einer, der ihn gut kannte. Er war davon überzeugt, daß Aladin schon seit vielen Jahren tot war, und war kein anderer, als der böse Magier!

Er konnte sich an den Jungen erinnern, als ob es erst gestern war. Wenn der arme Aladin nun reich war, war es allein der Verdienst der Lampe, die er im Obstgarten fand. Der Magier versprach sich, wieder in den Besitz der Lampe zu gelangen!

Durch die Kraft der Magie kam er bald im Orient

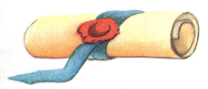

an. Dort verkleidete er sich als ein reisender Kaufmann, der mit Lampen handelte. Als er nun herausfand, daß Aladin zur Jagd gegangen war, begann er, um dessen Palast zu schleichen.

Als er so herumging, rief er: „Wer möchte eine alte Lampe gegen eine neue eintauschen?"

Bald öffnete sich ein Fenster im Palast und ein junger Diener erschien und schwenkte eine Lampe. Sofort erkannte der Magier die Wunderlampe. Er war so glücklich, daß er im Austausch für diese eine Lampe zwölf andere zurückließ. Der Diener bedankte sich viele Male, doch der Magier war schon gegangen und nahm die Lampe mit sich fort.

Sobald er außer Sichtweite vom Palast war, rieb er die Lampe.

„Befiehl und ich gehorche dir!" erklärte der Genie, als er erschien, denn er hatte keine Wahl.

„Ich möchte, daß du so schnell wie möglich Aladins Palast nach Afrika bringst", ordnete der Magier an, „mit allem, was drinnen ist, auch alle Leute, die darin arbeiten!"

Sein Wunsch wurde sofort erfüllt, und nur zwei Minuten später flog der mächtige Genie davon. Er trug den Magier, den Palast und alles, was in ihm war.

Du kannst dir das Gesicht des armen Aladin vorstellen, als er in jener Nacht vom Jagen nach Hause

kam und sah, daß alles verschwunden war: kein Palast, keine Gärten, keine Möbel, keine Diener und vor allen Dingen keine Ehefrau!

Vor lauter Sorge ganz außer sich, rannte er wie ein Verrückter zum Palast des Sultans.

„Aha, hier bist du also, du Schwindler!" rief der Sultan. „Wo ist meine Tochter? So, der Großwesir hatte also Recht, deinen Palast zu verwünschen, indem er sagte, daß alles nur ein wundersamer Trick sei! Nun,

mein feiner junger Bettler, du hast fünfundvierzig Tage, um alles wiedergutzumachen. Wenn meine liebe Badroulboudour bis dahin noch nicht zurück ist, wirst du zur Guillotine gebracht!"

Aladin verstand den Zorn des Sultans und entschloß sich, besser zu gehen.

Er durchquerte die ganze Stadt und suchte überall nach Badroulboudour, aber niemand hatte sie gesehen. Als er sagte, sie sei zusammen mit dem Palast verschwunden, dachten alle, er sei verrückt geworden.

Er ging zu den Nachbarstädten, und nach und nach durchkämmte er das ganze Königreich, aber alles war umsonst!

Am dreiundvierzigsten Tag war er so müde und verzweifelt, daß er sich entschloß, an einem Fluß, den er sah, alles zu beenden. Aber kurz vor dem Fluß rutschte er aus und fiel hin.

Alle diese Jahre trug er diesen magischen Ring, ohne ihn wirklich zu beachten. Als er nun fiel, rieb er aus Versehen den Ring, und sofort erschien der Genie.

„Hier bin ich, was wünschst du dir?" fragte er.

„Ich möchte Badroulboudour wiedersehen!" rief Aladin.

Der Genie erfüllte ihm auf der Stelle den Wunsch. Aber zu Aladins Überraschung nahm ihn der Genie nach Afrika.

Dort war sein wunderbarer Palast und stand als große, grüne Oase mitten in der Wüste.

Aladin näherte sich dem nächsten Fenster und klopfte freundlich an. Einige Sekunden später öffnete eigenhändig die Prinzessin!

Sie war sehr glücklich, Aladin wiederzusehen, und erzählte ihm, daß sie eine Gefangene des bösen Magiers war. Er wollte sie gegen ihren Willen heiraten.

Aladin war außer sich vor Freude, sie wiederzusehen. Trotzdem war er verwirrt.

„Warum bist du nicht überrascht, mich hier zu sehen?" fragte er.

„Letzte Nacht sah ich dich im Traum", erwiderte Badroulboudour. „Seitdem warte ich auf dich. Komm herein, ich habe einen Plan."

Sobald Aladin im Palast in Sicherheit war, erzählte ihm das schöne Mädchen von ihrem Plan.

„Im Moment ist der Magier nicht hier", sagte sie. „Sobald er jedoch zurückkommt, mußt du dich verstecken. Heute Nacht gebe ich Gift in sein Getränk, das mir ein Diener gekauft hat. Danach liegt es an dir, uns wieder nach Hause zu bringen."

„Das sollte nicht schwierig sein!" rief Aladin. „Aber erst müssen wir eine Lampe finden, die mir gehört, sich jetzt aber in den Händen des bösen Magiers befindet."

Er hatte dies kaum gesagt, als eine Tür zuschlug.

"Er ist zurück!" flüsterte Badroulboudour. "Schnell, versteck dich!"

Aladin sprang in eine Kleidertruhe, und sie verschloß diese. Die Zeit schien für den armen Jungen in seinem dunklen Versteck sehr langsam zu vergehen! Viele Fragen gingen durch seinen Kopf. Er fragte sich sogar schon, ob sich Badroulboudour mit ihrem Plan nicht doch verschätzt hatte. Was wäre, wenn das tödliche Gift nicht reagieren würde? Oder was wäre, wenn der Magier mißtrauisch werden würde und sich weigerte, das Getränk zu trinken?

Je mehr Zeit verstrich, desto ungeduldiger wurde

Aladin, und desto schneller begann sein Herz zu schlagen!

Endlich hörte er Schritte und lauschte vorsichtig. Kamen sie von seiner Frau oder vom Magier? Bevor er noch weiter überlegen konnte, öffnete sich die Truhe: es war Badroulboudour, die ihn anlächelte.

„Komm und sieh dir das an!" rief sie.

Er sprang aus der Truhe und folgte ihr in das Eßzimmer.

Dort schrie er vor Erleichterung. Der Magier lag tot am Boden, und die Wunderlampe stand neben ihm.

„Ich fand sie, als ich seine Taschen durchsuchte", erklärte die Prinzessin.

„Jetzt sind wir gerettet", rief Aladin.

Dann nahm Aladin die Lampe und rieb sie. Im Bruchteil einer Sekunde erschien der Genie.

„Wir wollen in unser schönes Land zurückkehren!" rief der glückliche, junge Mann.

Er hatte diese Worte kaum ausgesprochen, als der Palast und die Gärten, die Diener und Möbel samt Ehefrau und Ehemann vom mächtigen Genie nach Hause geflogen wurden.

Als der Sultan am nächsten Morgen die großen Fensterläden seines Palastes öffnete, grüßte ein wundervoller Anblick seine überraschten Augen.

Er war außer sich vor Freude, als er sah, daß Aladins

Palast zurückgekehrt war. Er kümmerte sich keinen Moment um den starrsinnigen Wesir, der wiederholte, daß es nur ein wundersamer Trick war. Der Sultan beeilte sich, um seine Tochter zu sehen.

Später am gleichen Tag wurde ein großes Fest abgehalten, um die Rückkehr von Badroulboudour und Aladin zu feiern. Manchmal konnte man unter all dem Gelächter einige tiefe Seufzer hören, und keiner war überrascht, denn es war nur der Großwesir!

Der Feuervogel

Weit entfernt und jenseits von dreimalneun Ländern und in einem dreimalzehn großen Königreich lebte der Zar Vislav. Er hatte drei Söhne, wovon der erste Vassili, der zweite Dimitri und der dritte Ivan hieß.

Der Palast des Zaren war von einem so schönen Garten umgeben. Niemand auf der Welt hatte einen ähnlich schönen Garten gesehen. Darin wuchsen alle Sorten seltener Bäume, die einen in Blüte und andere mit vielen Früchten. Der Lieblingsbaum vom Zar war ein Apfelbaum mit goldenen Äpfeln.

Nachts erschien immer ein prächtiger Vogel im Garten. Es war ein Feuervogel mit goldenen Federn und

diamantenen Augen, der auf dem Lieblingsbaum saß, an den Äpfeln pickte und wieder wegflog.

Zar Vislav war darüber unglücklich, daß er zusehen mußte, wie seine wunderbaren, goldenen Äpfel Nacht für Nacht verschwanden.

So rief er seine Söhne und sagte: „Meine lieben Kinder, wer von euch fängt mir den Feuervogel? Derjenige, der ihn mir fängt, erhält schon jetzt die eine Hälfte meines Königreiches, und erbt die andere Hälfte nach meinem Tod."

Die Prinzen riefen: „Lieber Vater! Es wird für uns eine Ehre sein, wenn wir versuchen, diesen Feuervogel zu fangen!"

In der ersten Nacht ging Prinz Vassili in den Garten, um auf den Vogel zu warten. Er setzte sich unter den Baum mit den goldenen Äpfeln, aber es dauerte nicht lange, und er schlief ein. Deshalb konnte er nicht hören, wie der Feuervogel kam und eine Menge großer Äpfel fraß.

Am nächsten Morgen rief Vislav Prinz Vassili zu sich und fragte: „Gut, mein Sohn, hast du den Feuervogel gesehen?"

Der Prinz antwortete: „Nein, mein hochköniglicher Vater. Er kam nicht in der letzten Nacht."

In der folgenden Nacht ging Prinz Dimitri, um auf den Vogel zu warten.

Er machte es sich unter dem Baum mit den goldenen Äpfeln bequem, wie es sein Bruder getan hatte.

Er blieb erst eine, dann noch einmal eine zweite Stunde wach. Dann fiel er in einen so tiefen Schlaf, daß er den Vogel nicht hörte, als er kam.

Am nächsten Morgen rief der Zar Prinz Dimitri und fragte: „Gut, mein Sohn, hast du den Feuervogel gesehen?"

„Nein, mein meistgeliebter, königlicher Vater, er kam nicht vorbei", erwiderte Dimitri.

In der dritten Nacht hielt Prinz Ivan im Garten

Wache. Er saß unter dem Apfelbaum und wartete eine Stunde. Dann verging die zweite und die dritte Stunde.

Plötzlich begann der ganze Garten zu glühen, und der Feuervogel war da. Er saß im Apfelbaum und begann, an den Äpfeln zu picken.

Ivan näherte sich so leise, daß er in der Lage war, den Schwanz vom Vogel zu greifen. Trotzdem konnte er den Vogel nicht fangen. Er glitt ihm aus der Hand und flog fort. Nur eine einzige Feder blieb zwischen seinen Fingern zurück.

Sobald der Zar am nächsten Morgen aufwachte, ging Prinz Ivan zu seinem Vater und gab ihm die Feder. Sie schien so feurig, daß sie einen dunklen Saal ebenso erleuchten konnte, wie tausend Kerzen.

Vislav war damit zufrieden, daß Ivan wenigstens eine Feder des schönen Vogels bekommen hatte. Sie wurde in seinem Palast unter Bewachung gestellt. Seit jener Nacht kehrte der Vogel nie wieder in den Garten zurück.

Eines Tages rief der Zar seine Söhne zu sich und sprach: „Meine lieben Kinder, ich gebe euch meinen Segen. Macht euch auf den Weg und findet den Feuervogel. Derjenige, der ihn mir lebendig bringt, wird die eine Hälfte meines Königreichs schon jetzt erhalten, die andere Hälfte aber nach meinem Tod erben."

Weil Ivan die wunderbare Feder erwischen konnte, waren die Prinzen Vassili und Dimitri auf ihn

eifersüchtig. Deshalb gingen die zwei älteren Brüder gemeinsam ihren Weg, lehnten es aber ab, Ivan mitzunehmen.

Es blieb ihm nichts übrig, als sich alleine auf den Weg zu machen und nach dem Feuervogel zu suchen. Sein Vater aber sagte zu ihm: „Mein lieber Sohn, du bist jung und nicht gewohnt, lange und schwierige Reisen zu unternehmen. Warum bleibst du nicht bei mir? Ich merke, daß ich alt werde. Was würde passieren, wenn ich sterbe und ihr drei seid alle fort? Wer würde für mich regieren?"

Obwohl der Zar sehr bestrebt war, seinen jüngsten Sohn zu Hause zu behalten, mußte er ihn schließlich doch gehen lassen. Ivan bat den Vater um seinen Segen, wählte sich ein Pferd aus und machte sich auf die Suche.

Er ritt eine lange Zeit, eine sehr lange Zeit. Eines Tages erreichte er endlich eine große Wiese mit einem Stein, auf dem eine eigenartige Nachricht zu lesen war:

Derjenige, der seinen Weg geradeaus fortsetzt, wird hungern und frieren; derjenige, der seinen Weg nach rechts fortsetzt, ist sicher und bleibt gesund, aber sein Pferd wird getötet; derjenige, der seinen Weg nach links fortsetzt, wird getötet, aber sein Pferd wird überleben.

Ivan entschied sich für die rechte Seite. „Solange ich sicher und gesund bin, ist es gut. Ich kann mein Pferd sehr leicht ersetzen", dachte er.

Er ritt einen ganzen Tag und auch den folgenden. Am dritten Tag traf er auf einen großen, grauen Wolf.

Das Biest sagte: „Du hast es bis hierher geschafft, Prinz Ivan! Wie du allerdings auf dem Stein gelesen hast, muß jetzt dein Pferd sterben."

Nachdem der Wolf dies gesagt hatte, tötete er das Pferd, fraß es auf und verschwand.

Ivan war über den Verlust seines Pferdes sehr bestürzt. Er weinte für eine Weile, dann setzte er seine Reise zu Fuß fort. Er ging den ganzen Tag, und weil er müde wurde, setzte er sich hin und ruhte sich aus.

Der Wolf gesellte sich zu ihm und sagte: „Es tut mir leid, Prinz Ivan. Es tut mir wirklich leid, daß ich dein gutes Pferd fraß und dich dadurch zwang, deinen Weg zu Fuß fortzusetzen. Komm, klettere auf meinen Rücken, ich bringe dich hin, wo immer du hingehen willst."

Ivan erklärte dem Wolf den Grund seiner Reise. Dann begann der Wolf schneller als ein Pferd zu laufen. Nach einiger Zeit, als es schon dunkle Nacht war, hielt er vor einer großen Steinmauer an.

„Nun geh!" sagte der Wolf. „Klettere über die Mauer. Auf der anderen Seite ist ein Garten, wo du den Feuervogel sehen wirst. Nimm den Vogel, berühre aber nicht den Käfig, denn das bedeutet für dich Unglück."

Ivan kletterte über die Mauer und freute sich über die Worte des Wolfes. Er nahm den Feuervogel aus seinem Käfig, sagte sich dann aber: „Warum soll ich den Vogel

ohne den Käfig nehmen? Wie kann ich ihn sonst tragen?"

So griff er den Käfig, aber im gleichen Moment ertönte ein lauter Alarm, der durch den Garten hallte.

Sofort wachten die Aufseher auf, griffen Ivan und brachten ihn zum König, der Dolmat hieß.

Er war wütend und rief: „Schämst du dich etwa nicht, hierherzukommen und von mir zu stehlen? Wer ist dein Vater, und wie heißt du?"

Der Prinz antwortete: „Ich bin der Sohn vom Zar Vislav und heiße Ivan. Dein Feuervogel pflegte jede Nacht in unseren Garten zu kommen und goldene Äpfel vom Liebingsbaum meines Vaters zu nehmen. Dabei erntete der Feuervogel den Baum ab und beschädigte ihn. Der Zar sandte mich, um nach dem Vogel zu suchen. Ich versprach ihm, den Vogel zu bringen."

„Sag mir, junger Prinz, denkst du, daß du ehrlich gehandelt hast?" fragte Dolmat. „Wenn du gekommen wärst und hättest mich gefragt, hätte ich dir den Vogel gegeben. Statt dessen versuchst du, ihn mir zu stehlen! Wollte ich nun in allen Königreichen von deinem Verhalten erzählen, was würde man von dir denken?

Nun aber hör zu, Ivan! Wenn du die Aufgabe ausführst, die ich dir stelle, vergeb ich dir und geb dir den Vogel für deinen Vater. Du mußt zu einem weitentfernten Königreich gehen. Dort findest du König

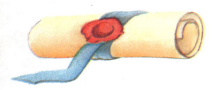

Afron. Nimm ihm sein Pferd mit der goldenen Mähne fort. Wenn du es nicht zu mir zurückbringst, erzähle ich jedem, daß du ein Dieb bist."

Traurig verließ Ivan den König Dolmat. Er versprach ihm noch, das Pferd mit der goldenen Mähne zu finden und ihm zu bringen.

Ivan ging und fand seinen Freund, den grauen Wolf, und erzählte ihm, was der König ihm gesagt hatte.

„Aha! Prinz Ivan", sagte der Wolf. „Warum hast du nicht auf mich gehört? Hättest du den Käfig nicht berührt, wäre auch nichts von diesen Dingen passiert."

„Ich habe einen großen Fehler gemacht!" gestand Ivan ein.

„Nun, was passiert ist, ist passiert!" sagte der Wolf. „Klettere auf meinen Rücken. Ich bringe dich dorthin, wo du hingehen mußt."

Ivan kletterte auf den Rücken vom grauen Wolf, der dann so schnell wie der Blitz davonrannte. Nach einer langen Reise erreichten sie das weitentfernte Königreich von König Afron.

Der Wolf blieb vor den Stallungen des prächtigen Palastes stehen.

„Hör mir zu, Ivan", sagte er. „Geh nach innen, die Wachen schlafen alle. Nimm das Pferd mit der goldenen Mähne, aber berühre auf keinen Fall das goldene Zaumzeug, das an der Wand hängt. Andernfalls wird dir mit Sicherheit ein Unglück geschehen."

Ivan schlich sich in den Stall. Er wollte mit dem Pferd mit der goldenen Mähne gerade wieder fortgehen, als er das Zaumzeug an der Wand sah.

Die Versuchung, es zu nehmen, war so groß, daß er wieder nicht auf den Wolf hörte. Er nahm das Zaumzeug herunter. Sofort gab es einen ohrenbetäubenden Lärm, der die Wachen aufweckte.

Sie griffen Ivan und brachten ihn zum König Afron. Der war sehr böse und fragte: „Aus welchem Land kommst du? Wer ist dein Vater, und wie heißt du?"

„Ich bin der Sohn von Zar Vislav und heiße Ivan", erwiderte der beklagenswerte, junge Mann.

„Junger Prinz", sagte König Afron. „Paßt es zu einem königlichen Krieger, daß zu tun, was du getan hast? Wärest du gekommen und hättest mich gefragt, dann hätte ich mich geehrt gefühlt, dir das Pferd mit der goldenen Mähne zu geben. Statt dessen stiehlst du es mir! Wenn ich dein Benehmen in allen Königreichen erzählen würde, was würde man von dir denken?

Nun hör zu, Prinz Ivan! Wenn du die Aufgabe ausführst, die ich dir gebe, vergeb ich dir und überlasse dir beides, das Pferd mit der goldenen Mähne und das goldene Zaumzeug. Du mußt in ein weit entferntes Königreich gehen und nach der schönen Prinzessin Helene suchen. Ich liebe sie seit langer Zeit, kann aber ihr Herz nicht gewinnen. Bring sie her oder ich sperr dich als Dieb ein."

Ivan versprach König Afron, ihm die Prinzessin zu bringen. Dann verließ er den Palast, um sich mit dem grauen Wolf zu treffen.

„Ach, junger Prinz!" rief der Wolf. „Warum hast du nicht auf mich gehört? Warum hast du das goldene Zaumzeug genommen?"

„Ich habe einen anderen großen Fehler gemacht", sagte Ivan.

„Gut, was passiert ist, ist passiert!" sagte der Wolf.

„Klettere auf meinen Rücken! Ich bringe dich, wohin du willst."

Ivan kletterte auf seinen Rücken, und mit großer Geschwindigkeit verließ der Wolf den Ort. Nach einer langen Reise erreichten sie das Königreich der schönen Helene.

Der Wolf setzte Ivan vor dem goldenen Tor eines prächtigen Gartens ab.

Dann sagte er: „Warte auf mich auf der Wiese unter dem großen Eichenbaum. Bei Sonnenuntergang ging die schöne Helene, umgeben von ihren Dienerinnen, in den Garten. Als sie nahe am grauen Wolf vorbeikam, sprang dieser über das Tor, griff sie und rannte zu Ivan zurück.

Der Wolf rief ihm zu, schnell auf seinen Rücken hinter die schöne Helene zu springen. Dann machten sie sich auf den Weg in Richtung des Palastes von König Afron.

Während der Reise verliebten sich Prinz Ivan und Prinzessin Helene ineinander. Als sie den Palast des Königs erreichten, brach Ivan in Tränen aus!

„Warum weinst du?" fragte der Wolf.

„Warum sollte ich nicht weinen, grauer Wolf, du guter Freund? Ich liebe die schöne Helene, muß sie jetzt aber König Afron im Austausch für das Pferd mit der goldenen Mähne überlassen."

„Ich habe dir durch viele Schwierigkeiten geholfen. Ich helfe dir auch diesmal wieder", sagte der Wolf. „Ich verwandle mich in die Prinzessin. Dann bringst du mich zum König und erhältst das Pferd mit der goldenen Mähne.

Wenn ich weiß, daß du weit genug entfernt bist, denk an mich. Dann kann ich mich wieder in einen Wolf verwandeln und euch begleiten."

Nachdem er das gesagt hatte, verwandelte er sich in die schöne Prinzessin.

Der König war voller Freude, als Ivan ihm die schöne Helene brachte, - es war aber nur der Wolf. Ohne zu zögern übergab der König dem Prinzen das Pferd mit der goldenen Mähne.

Dann bestieg Ivan das Pferd, nahm die schöne Helene zu sich auf das Pferd, und machte sich auf den Weg, um König Dolmats Königreich zu finden.

Während sie miteinander ritten, unterhielten sich Ivan und Helene. Dabei vergaßen sie den Rest der Welt.

Schließlich dachte Ivan: „Wo ist mein guter, grauer Wolf?"

Sofort erschien der Wolf vor ihm und sagte: „Klettere auf meinen Rücken, Prinz Ivan, und überlaß das Pferd mit der goldenen Mähne der Prinzessin."

Der Prinz gehorchte, und sie setzten ihre Reise zum Königreich von König Dolmat fort. Als sie nur noch etwa fünf Kilometer von der Stadt entfernt waren, hielten sie an.

„Hör zu, grauer Wolf! Könntest du mir noch ein weiteres Mal einen Gefallen tun?" fragte Ivan. „Es soll das letzte Mal sein. Könntest du dich für König Dolmat in das Pferd mit der goldenen Mähne verwandeln? Ich würde es so gern behalten."

Der graue Wolf tat sofort das, wonach er gefragt wurde.

Dann ließ Ivan die schöne Helene auf einer Wiese zurück und ging, um den König zu treffen. Dolmat war außer sich vor Freude, als er Ivan auf dem edlen Pferd sah.

Er hieß ihn herzlich willkommen und gab Ivan den Feuervogel in seinem goldenen Käfig.

Der junge Prinz verließ die Stadt, um die schöne Helene wiederzutreffen. Sie kletterten beide auf das echte Pferd mit der goldenen Mähne und schlugen den Weg zu Zar Vislavs Königreich ein.

Etwas weiter weg dachte Ivan: „Wo ist mein guter, grauer Wolf?"

Und wieder holte sie der Wolf ein und lud Prinz Ivan ein, auf seinen Rücken zu klettern.

Als sie an der Stelle ankamen, wo der Wolf das Pferd vom Prinzen getötet hatte, hielt das treue Biest an und schaute auf den jungen Mann.

„Ich war dein treuer Diener, Prinz Ivan", sagte er. „An dieser Stelle tötete ich dein Pferd, und ebenfalls hier muß ich dich verlassen. Geh nun deines Weges, ich kann dir nicht mehr länger dienen."

Dann verschwand der graue Wolf. Für eine Weile weinte Ivan. Er war sehr traurig darüber, einen so guten Freunde zu verlieren.

Dann setzten Ivan und die schöne Helene ihre Reise fort.

Sie waren schon beinahe im Königreich von Vislav angelangt, als sie eine Pause einlegten. So banden sie das Pferd unter einem Baum an, legten sich ins weiche Gras und schliefen ein. Der Käfig mit dem Feuervogel stand in ihrer Nähe auf dem Gras.

Während Ivan seine vielen Abenteuer erlebte, waren Prinz Dimitri und Prinz Vassili durch unendlich große Königreiche gestreift, ohne etwas zu finden. Jetzt kehrten sie mit leeren Händen zu ihrem Vater zurück.

Durch Zufall kamen die beiden gefühllosen Prinzen an der Stelle vorbei, wo Ivan und die schöne Helene schliefen.

Als sie das prächtige Pferd und den glänzenden Feuervogel sahen, wurden sie wütend und eifersüchtig.

Sie überfielen ihren Bruder und weckten dann die schöne Prinzessin auf, die es mit der Angst bekam.

Unter Schluchzen rief sie: „Mich kennt jeder als die schöne Helene. Prinz Ivan brachte mich hierher. Wäret ihr ehrliche Kämpfer gewesen, dann hättet ihr ihm einen fairen Kampf angeboten. Ihr aber habt einen Mann getötet, der schlief. Das ist genauso verächtlich, als wenn man einen angreift, der unbewaffnet ist."

Daraufhin bedrohte Dimitri die Prinzessin mit seinem Schwert.

„Hör zu, schöne Helene", sagte er, „du kommst mit

uns zu unserem Vater, dem Zaren Vislav. Du sagst ihm, daß wir dich mit dem Pferd und dem Feuervogel gewonnen haben. Wenn du ihm das nicht genauso erzählst, töten wir dich."

Die zwei Prinzen zogen verschiedenlange Strohhalme, um zu sehen, wer von ihnen die Prinzessin heiratet. Prinz Vassili gewann. Er half ihr auf sein Pferd, während Prinz Dimitri den goldenen Käfig nahm und das Pferd mit der goldenen Mähne bestieg.

Prinz Ivan, der von seinen schlechten Brüdern für tot geglaubt wurde, lag für dreißig Tage auf dem Boden. Aber wie es der Zufall wollte, kam der graue Wolf vorüber. Als er den jungen Prinzen erkannte, gelobte er, sein Leben zu retten. So fing der Wolf eine Krähe und versprach ihr, sie nicht zu verletzen, wenn sie zu einer weitentfernt liegenden heiligen Quelle fliegen würde.

Die Krähe flog fort und kam nach drei Tagen wieder zurück. Sie trug eine Flasche mit dem wundersamen Wasser, womit der graue Wolf Ivan besprenkelte.

Sofort wachte der Prinz auf und sagte: „Oh! Ich habe lange Zeit geschlafen!"

„Ohne meine Hilfe würdest du in einem ewigen Schlaf geblieben sein", sagte der Wolf. „Deine Brüder nahmen die schöne Prinzessin Helene, das Pferd mit der goldenen Mähne und den Feuervogel zu deinem Vater. Eile nun nach Hause, denn dein Bruder Vassili will die

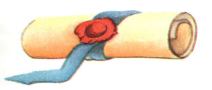

schöne Prinzessin noch heute heiraten. Klettere schnell auf meinen Rücken, ich bringe dich dorthin."

Ivan kletterte auf den Rücken vom grauen Wolf, und bald erreichten sie Vislavs Palast.

Sein Bruder Prinz Vassili, der die schöne Helene gerade heiraten wollte, stand neben ihr.

Als Ivan hereinkam, rannte die Prinzessin auf ihn zu, umarmte ihn und rief: „Diesen Mann werde ich heiraten. Es ist Prinz Ivan, aber nicht der Schurke, der mit mir an einem Tisch sitzt!"

Dann stand Zar Vislav auf und fragte die Prinzessin,

wer ihm die Wahrheit erzählte. Vislav wurde wütend und warf seine beiden ältesten Söhne in einen tiefen Kerker.

Noch am gleichen Tag heiratete Prinz Ivan die schöne Prinzessin Helene. Sie lebten in völliger Eintracht und wurden nie wieder getrennt.

Richard Wuschelkopf

Es war einmal eine Königin, die brachte einen Sohn zur Welt. Der Sohn war so häßlich, daß es zweifelhaft schien, ob er ein menschliches Wesen war. Eine Fee war bei seiner Geburt anwesend. Sie erklärte, daß er wegen seiner großen Klugheit bei jedermann beliebt sein wird. Und sie fügte hinzu, daß er durch diese Gabe, die er von ihr erhält, Klugheit an die Person weitergeben kann, die er am meisten liebt.

Dies alles tröstete die arme Königin ein wenig. Und als das Kind zu sprechen begann, sagte es tausend hübsche Wörter. Alle Dinge, die es tat, waren sehr geistreich, was die Leute sehr entzückend fanden. Ich

vergaß zu sagen, daß es auf die Welt mit einem kleinen Haarbüschel auf dem Kopf kam, der ihm den Spitznamen Richard Wuschelkopf gab.

Sechs oder sieben Jahre später brachte die Königin eines benachbarten Königreiches zwei Mädchen zur Welt. Das erste war schöner als der Tag, und die Königin war darüber hocherfreut. Eine Fee war mit ihr, sie war auch schon bei der Geburt des kleinen Richard Wuschelkopf dabei. Die gleiche Fee brachte sie wieder auf den Boden der Tatsachen zurück, indem sie sagte, daß die kleine Prinzessin schön aussehen aber nicht klug sein wird! Diese Nachricht beunruhigte die Königin zutiefst, aber einige Augenblicke später erschrak sie noch mehr. Denn das zweite Mädchen, das zur Welt kam, war so häßlich, wie das erste schön war.

„Sei nicht traurig, gnädige Frau", sagte die Fee. „Deine Tochter wird so intelligent sein, daß das Fehlen ihrer Schönheit fast unbemerkt bleibt."

„Möge es so sein", antwortete die Königin. „Aber ist es nicht möglich, meiner älteren Tochter nur ein wenig Klugheit zu geben?"

„Ich kann für sie nichts tun, soweit es um ihre Klugheit geht", sagte die Fee, „aber ich werde ihr die Kraft geben, jeden schön aussehen zu lassen, dem sie es wünscht."

Als diese zwei Prinzessinnen heranwuchsen, prägten

sich auch ihre Qualitäten aus. Und überall im Land sprachen die Leute von der unglaublichen Schönheit der älteren Prinzessin und der erstaunlichen Klugheit der jüngeren.

Es ist ebenfalls wahr, daß sich auch ihre Schwächen mit dem Alter ausprägten. Die jüngere Prinzessin wurde sichtbar häßlicher, und die ältere wurde von Tag zu Tag dümmer. Außerdem war sie so ungeschickt, daß sie das Porzellan nicht richtig auf den Kaminsims stellen konnte, ohne ein Stück zu zerbrechen. Auch konnte sie kein Glas Wasser trinken, ohne die Hälfte zu verschütten.

Obwohl ein gutes Aussehen ein großer Vorteil für einen jungen Menschen sein kann, hatte das jüngere Mädchen in Gesellschaft fast immer den besseren Teil gegenüber der älteren Schwester. Leute bewunderten sie immer, aber hatten mehr Interesse daran, was die intelligente Prinzessin zu sagen hatte.

Obwohl die ältere Schwester wirklich dumm war, bemerkte sie das und fühlte sich oft sehr einsam. In der Tat hätte sie alle ihre Schönheit ohne zu zögern gegeben, um nur die Hälfte von der Intelligenz ihrer Schwester zu haben.

Obwohl die Königin wußte, daß es nicht fair war, machte sie ihrer älteren Tochter die Dummheit doch

zum Vorwurf. Das machte die arme Prinzessin so unglücklich, daß sie sich beinahe den Tod wünschte.

Eines Tages rannte sie in den Wald, um für sich allein über ihr Unglück zu weinen. Da sah sie einen kleinen Mann auf sich zukommen. Er war sehr häßlich und reizlos, aber prächtig gekleidet.

Es war der junge Prinz Richard Wuschelkopf. Er hatte sich in die Prinzessin verliebt, die er durch das Foto kannte, das in der ganzen Welt bekannt war. Und er hatte das Königreich seines Vaters verlassen, um sie zu sehen und mit ihr zu sprechen.

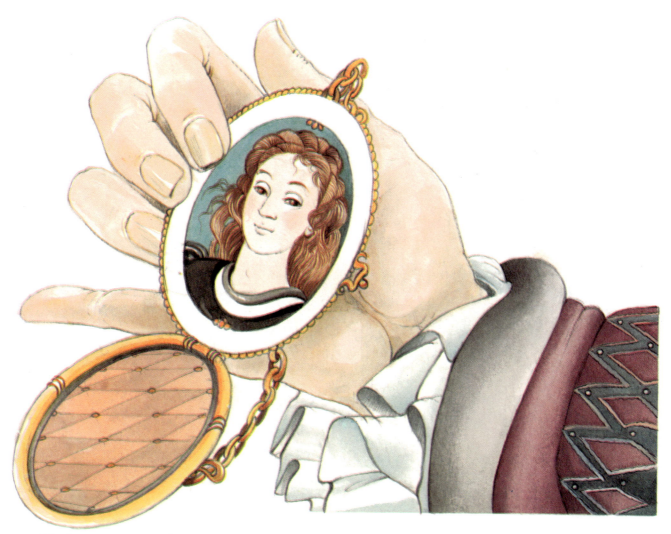

Erfreut, sie hier allein anzutreffen, näherte er sich ihr mit dem dazugehörigen Respekt und aller höflichen Vorstellung. Nachdem er ihr die gewöhnlichen Komplimente gemacht hatte, bemerkte er, daß sie außerordentlich unglücklich war.

„Ich verstehe nicht, warum eine so liebliche Prinzessin, wie du es bist, so traurig sein kann, wie du aussiehst", sagte er. „Ich habe unzählige, liebliche Mädchen in meinem Leben gesehen. Ich kann dir aber aufrichtig sagen, daß ich auf allen meinen Reisen keine gesehen habe, die so schön waren, wie du aussiehst."

„Das ist sehr freundlich von dir, so etwas zu sagen, Herr", erwiderte die Prinzessin.

Richard Wuschelkopf fuhr fort: „Schönheit öffnet so viele Möglichkeiten, daß es von allen das wichtigste Geschenk ist. Und hat es einer erhalten, sehe ich nicht, warum es noch etwas zum Weinen gibt."

„Ich würde lieber so häßlich wie du sein, aber klug", sagte die Prinzessin, „als meine Schönheit zu haben, aber so dumm zu sein, wie ich es bin."

„Ich bin nicht davon überzeugt, daß du dumm bist", sagte Richard. „In der Tat glauben kluge Leute nicht, daß sie überhaupt intelligent sind. Ich denke, es liegt an der Eigenart des Talents, daß eine Person weniger von der eigenen Intelligenz hält, je intelligenter sie ist."

„Ich weiß nichts davon", sagte die Prinzessin, „aber ich weiß, daß ich außerordentlich dumm bin. Deshalb fühle ich mich so elend, daß ich sterben könnte.

„Wenn das der einzige Grund für deine Mißlage ist, kann ich deine unglückliche Situation leicht beenden", erklärte Richard.

„Und wie würdest du das tun?" fragte die Prinzessin.

„Ich habe die Kraft, Intelligenz derjenigen Person zu geben, die ich liebe", erwiderte er. „Und weil du diese Person bist, sehe ich keinen Grund, warum du nicht sehr viel Intelligenz haben kannst, vorausgesetzt, du heiratest mich."

Die Prinzessin war völlig sprachlos und wußte nicht, was sie sagen sollte.

„Ich kann verstehen", setzte Richard Wuschelkopf fort, „warum mein Heiratsantrag dich verwirrt. Und das überrascht mich nicht. Deshalb hör zu! Ich geb dir ein ganzes Jahr, um darüber nachzudenken."

Die Prinzessin hatte so wenig Intelligenz, aber wünschte sie sich gleichfalls so sehr, daß sie den Antrag des Prinzen annahm. Denn auch das Ende des Jahres war noch sehr weit entfernt.

Sobald sie Richard Wuschelkopf versprach, ihn am gleichen Tag ein Jahr später zu heiraten, fühlte sie sich wie ausgewechselt. Plötzlich fand sie heraus, daß sie alles sagen konnte, was sie wollte, und das auf eine feinsinnige, mühelose und völlig natürliche Weise.

Sofort begann sie ein erwachsenes und unterhaltsames Gespräch mit Richard Wuschelkopf. Sie redete so gewandt, daß er sich wunderte, ob er ihr mehr Intelligenz gegeben hatte, als er für sich behielt!

Als sie zum Palast zurückkehrte, wußte niemand, was man von solch einem plötzlichen und außergewöhnlichen Wechsel sagen sollte. Sie sprach jetzt viel sinnvoller als sie davor sinnlos gesprochen hatte. Und alles, was sie sagte, war aufs äußerste verständlich und sehr geistreich.

Der ganze Hof war glücklicher, als du vermuten

könntest. Nur ihre jüngere Schwester war mit dem Wechsel nicht glücklich. Denn sie war durch ihre Intelligenz nicht mehr länger im Vorteil über ihre schöne, ältere Schwester. Sie hatte jetzt den Eindruck, schrecklich häßlich zu sein.

Der König bat seine Berater um deren Hilfe, wie er mit dieser neuen Situation umgehen sollte. Auch hielt er eine Beratung in seinem Gemach, aber alles umsonst.

Die Nachricht von diesem Wechsel verbreitete sich überall. Alle jungen Prinzen von den Nachbarkönigreichen versuchten ihr Glück, um das Herz der schönen und intelligenten Prinzessin zu

gewinnen. Und fast alle hielten um ihre Hand an.

Von sich aus fand sie keinen von ihnen intelligent genug. Sie hörte ihnen zu, ohne daß sie sich zu einem der hoffnungsvollen Freier hingezogen fühlte.

Eines Tages kam ein Prinz, der so mächtig, reich, intelligent und stattlich war, daß sie nicht anders konnte, als sich zu ihm hingezogen zu fühlen. Als das ihr Vater bemerkte, sagte er ihr, daß sie ihren Ehemann frei wählen konnte, ohne daß er oder seine Minister sich einmischen würden. Sie konnte sich selbst entscheiden.

Je intelligenter jemand ist, desto schwieriger wird es, eine klare Entscheidung in solch einer wichtigen Sache zu treffen. Nachdem sie sich nun bei ihrem Vater dafür bedankte, daß er ihr Entscheidungsfreiheit in der Auswahl gab, bat sie um etwas Zeit, alles zu überdenken.

Es geschah, daß sie zufällig einen Spaziergang im gleichen Wald machte, wo sie Richard Wuschelkopf getroffen hatte. Sie hatte vor, in Frieden und Ruhe darüber nachzudenken, wie sie sich entscheiden sollte.

Während sie dort entlangging, tief in Gedanken versunken, hörte sie gedämpften Lärm unter ihren Füßen, als ob Leute kommen und gehen, aber auch herumeilen würden.

Nachdem sie noch genauer hingehört hatte, hörte sie Leute sprechen: „Bring mir den Topf."

„Gib mir jene Kupferpfanne."

„Leg noch Holz auf das Feuer."

Zur gleichen Zeit öffnete sich der Boden vor ihren Augen, und sie sah zu ihren Füßen eine große Küche voller Köche, Küchenjungen und aller Art Leute, die ein prächtiges Festessen vorbereiteten.

Eine Gruppe aus zwanzig oder dreißig Köchen verließ die vollgedrängte Küche und ging zu einer Allee, wo sie sich unter Klängen eines rhythmischen Liedes an einem Tisch niederließ und mit ihrer Arbeit begann. Die Prinzessin bewunderte dies Spektakel und fragte sie, für wen sie arbeiten würden.

„Gnädige Frau", erwiderte einer von der Gruppe, „wir arbeiten für Prinz Richard Wuschelkopf, dessen Hochzeit morgen stattfinden soll."

Das überraschte die Prinzessin noch mehr. Plötzlich erinnerte sie sich wieder an diesen speziellen Tag. Vor genau einem Jahr hatte sie Richard Wuschelkopf versprochen, ihn zu heiraten, und beinahe fiel sie in Ohnmacht!

Sie hatte sich an dieses Versprechen nicht erinnern können, weil sie zu diesem Zeitpunkt noch ein Dummkopf war. Als ihr aber Prinz Richard Wuschelkopf Intelligenz gab, hatte sie alle ihre übereilten Versprechungen völlig vergessen.

Sie war keine dreißig Schritte weitergegangen, als

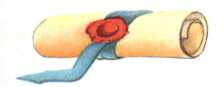

sich kein anderer als Richard persönlich vor ihr verbeugte, elegant, prächtig und wie ein Prinz, der heiraten möchte.

„Gnädige Frau", sagte er, „ich habe mein Wort gehalten, und hatte nie auch nur den geringsten Zweifel daran, daß du kommen würdest, um deines einzulösen – und mich zum glücklichsten Mann der Welt zu machen, indem du mir deine Hand zur Hochzeit reichst."

„Ich bekenne aufrichtig", erwiderte die Prinzessin, „daß ich jetzt noch nicht zu einem Entschluß gekommen bin, und ich zweifle, ob ich jemals in der Lage sein werde, so zu entscheiden, wie du es möchtest."

„Du überraschst mich", sagte Richard.

„Ich glaube dir", antwortete sie, „aber um dir die Wahrheit zu sagen, wenn ich mit einem unvernünftigen und dummen Mann zu tun hätte, wäre ich sehr verlegen. Er würde sagen, daß das Wort einer Prinzessin ein Ehrenwort ist, und ich ihn heiraten sollte, weil ich es versprochen hatte. Aber weil du ja der intelligenteste Mann der Welt bist, bin ich sicher, daß du mich verstehst.

Du erinnerst dich sicherlich, daß ich mich noch nicht sofort entscheiden konnte, dich zu heiraten, als ich noch dumm war. Die Intelligenz, die du mir geschenkt hast, machte mich sogar noch vorsichtiger. Deshalb, wie kannst du von mir erwarten, daß ich heute eine Entscheidung treffe, hinter der ich nicht stehe!?"

„Wenn es wahr ist, daß ein Mann ohne Intelligenz das Recht hat, dir Vorwürfe zu machen, wenn du dein Versprechen brichst, warum erlaubst du mir dann nicht, daß ich das gleiche tun kann?" erwiderte Richard Wuschelkopf. „Ist es gerecht, daß Leute mit Intelligenz schlechter daran sind, als die, die sie nicht besitzen? Wie kannst du nur gutheißen, daß eine Person so viel Intelligenz besitzt, wie sie sich gewünscht hat?

Aber laß uns zum Kern der Sache kommen, bitte. Gibt es neben meiner Häßlichkeit etwas anderes an mir, das dir mißfällt? Bist du mit meiner Geburt und meiner

348

Herkunft, meiner Intelligenz, meinem Charakter oder meiner Weise nicht zufrieden?"

„Nichts von alledem", antwortete die Prinzessin, „ich mag alles an dir."

„Wenn das die Wahrheit ist", fuhr Richard Wuschelkopf fort, „kannst du mich zum schönsten Mann der Welt machen."

„Wie kann ich das tun?" fragte die Prizessin.

„Du kannst es dann schaffen", antwortete Richard, „wenn du mich genügend liebst. Du mußt es dir wünschen, dann wird es auch geschehen. Ich weiß, daß bei deiner Geburt die gleiche Fee anwesend war, die mir bei meiner Geburt die Kraft gab, der Person Intelligenz zu geben, die ich liebe. Dir gab sie die Kraft, die Person schön erscheinen zu lassen, die du liebst."

„Sollte das der Fall sein", sagte die Prinzessin, „dann wünsche ich mir von ganzem Herzen, daß du der schönste Prinz der ganzen, weiten Welt wirst. Ich gebe dir soviel davon, wie ich nur kann."

Und im gleichen Moment, in dem die Prinzessin diese Worte gesagt hatte, erschien Richard Wuschelkopf in ihren Augen als der schönste, feinste und prächtigste Mann, den sie jemals gesehen hatte.

Einige Leute behaupten, die Zauberworte der Fee hatten nichts damit zu tun, und wahre Liebe war der einzige Grund für diesen Wechsel. Sie sagen, daß die

Prinzessin die Beharrlichkeit ihres Liebhabers, seine Verschwiegenheit und alle guten Eigenschaften seiner Seele und seines Verstandes bewundert hat. Deshalb sah sie nicht länger seinen mißgestalteten Körper noch sein häßliches Gesicht vor sich.

Sie sagen, daß sein Buckel ihr nicht anders erschien, als die leichte, fröhliche Art eines Mannes, der mit seinen Schultern zuckt. Das war, bevor sie sein unbeholfenes Humpeln sah. Es schien ihr nun, als ob er sich auf charmante Weise nach vorne beugt.

Sie sagen auch, daß seine schielenden Augen ihr als

Augen vorkamen, die sie bewunderten, und daß die Verkrümmung ein Zeichen der Größe seiner Liebe zu ihr war, und daß seine große, rote Nase ihr richtig männlich und heldenhaft vorkam.

Was auch immer daran wahr ist, die Prinzessin versprach, ihn auf der Stelle zu heiraten, vorausgesetzt, er würde die Einwilligung ihres Vaters, des Königs, erhalten.

Der König wußte, daß seine Tochter vor Richard Wuschelkopf viel Respekt hatte. Und nachdem er aus glaubhafter Quelle gehört hatte, daß er ein sehr intelligenter und einsichtiger Prinz war, akzeptierte er ihn glücklich als seinen Schwiegersohn.

Die Hochzeit fand am nächsten Tag statt, wie Richard vor einem langen Jahr vorausgesagt und angeordnet hatte!

Schöne Vassilissa

Es lebten einmal ein Kaufmann und seine Frau in einem sehr weit entfernten Königreich. Sie hatten eine Tochter, die hieß ‚Die schöne Vassilissa'.

Als das Mädchen acht Jahre alt war, wurde ihre Mutter sehr krank. Eines Tages rief sie ihre Tochter an ihre Seite.

„Hör zu, mein Kind", sagte sie, „und erinnere dich an meine letzten Worte, die ich dir zu sagen habe. Ich werde sterben, mein Liebling. So gebe ich dir jetzt meinen Segen und diese kleine Puppe.

Habe sie immer bei dir, aber zeige sie niemals einem anderen. Und immer dann, wenn du in Not bist, frage die Puppe um Rat."

Dann umarmte die Mutter ihre Tochter und starb.

Der Kaufmann trauerte eine lange Zeit um seine Frau nach. Und als die Zeit verging, dachte er darüber nach, wieder zu heiraten. Er war ein richtiger Kavalier und viele Frauen bewunderten ihn. Es gab eine Witwe, über die er mit zärtlichen Gefühlen nachdachte. Sie hatte zwei Töchter im selben Alter wie Vassilissa und wurde von allen als eine gute Mutter betrachtet.

Eines Tages heiratete der Kaufmann die Witwe. Sie hatte ihn aber hinters Licht geführt, denn für seine Tochter war sie keine gute Mutter. Seine Tochter war aber das schönste Mädchen im Dorf.

Die Frau und ihre Töchter waren ausgesprochen eifersüchtig über Vassilissas Schönheit und behandelten sie sehr schlecht. Sie mußte die dreckigste Hausarbeit machen, und die anderen hofften, die harte Arbeit würde sie blaß und häßlich machen.

Vassilissa tat alle Arbeit, ohne sich zu beklagen, und jeden Tag wurde sie schöner und schöner. Ihre Schwestern rührten nie einen Finger, um ihr zu helfen, und wurden vor lauter Neid knöchiger und häßlicher.

Aber wie geschah das alles? Dank ihrer Puppe, die Vassilissa beschützte und tröstete, wenn sie unglücklich

war. Sie gab ihr gute Ratschläge und half ihr bei der Hausarbeit.

Einige Jahre vergingen auf diese Weise, bis Vassilissa das heiratsfähige Alter erreichte. Alle jungen Männer der Stadt hielten um ihre Hand an und wollten sie heiraten, aber keiner dachte daran, die anderen Töchter zu fragen.

Ihre wütende Mutter sagte immer wieder zu den Freiern: „Ich werde niemals meine Einwilligung zur Hochzeit der jüngsten Tochter geben, bevor die beiden älteren nicht verheiratet sind!"

Wenn sie die Freier vertrieben hatte, drehte sie sich um und schlug wütend auf Vassilissa ein.

Eines Tages ging der Kaufmann auf Geschäftsreise in ein anderes Königreich. Sofort zog die Frau in ein anderes Haus um, in die Nähe eines dunklen Waldes. In der Mitte dieses Waldes war eine Lichtung mit einer kleinen Hütte, in der eine Hexe lebte. Jedesmal, wenn sich jemand der Hütte zu sehr näherte, fraß sie ihn, als ob er ein Hähnchen wäre!

Die Frau schickte Vassilissa unter verschiedenen Vorwänden immer wieder in den Wald, in der Hoffnung, die Hexe würde sie von diesem Mädchen befreien. Aber Vassilissa kehrte immer sicher und unversehrt nach Hause zurück, weil die Puppe ihr

jedesmal den Weg zeigte. Auch wurde sie von der Puppe immer vor der Hexe gewarnt, wenn sie in ihre Nähe kam.

Eines Abends gab die Frau allen drei Töchtern Arbeit. Eine klöppelte Spitzen, die andere stopfte Socken, Vassilissa aber spann. Jeder von ihnen hatte eine bestimmte Menge zu erledigen, bevor sie zu Bett gingen. Die Frau machte bis auf eine Kerze, die für die

Mädchen brannte, alles Licht im Haus aus, und ging zu Bett.

Die jungen Mädchen begannen ihre Arbeit bei diesem armen Kerzenschein. Nach einer Weile begann das Licht der Kerze zu flackern. Eine der Schwestern nahm eine Dochtschere und tat so, als ob sie den Docht kürzen wollte. Aber statt dessen machte sie die Kerze absichtlich aus.

„Was machen wir jetzt?" riefen die Mädchen. „Wir haben keine Streichhölzer mehr, um die Kerze wieder anzuzünden, und unsere Arbeit ist noch nicht beendet. Einer muß zur alten Hexe in den Wald gehen, und sie um ein Licht bitten."

„Ich habe genug Licht für meine Arbeit, deshalb brauche ich nicht gehen", sagte die eine, die die Spitzen klöppelte.

„Ich brauche auch nicht gehen", sagte die andere, die stopfte. Ich habe auch genug Licht für meine Nadeln."

„Du mußt gehen und Licht finden", riefen sie zu Vassilissa. „Geh zur Hexe!"

Dann drängten sie Vassilissa aus ihrem Stuhl und sagten ihr, sie solle gehen.

Das Mädchen ging in ihr Zimmer, gab ihrer kleinen Puppe etwas zu Essen und sagte: „Liebe Puppe, iß diese Nahrung und hör mir genau zu. Meine Schwestern schicken mich zu der alten Hexe, sie wird mich aber fressen."

„Fürchte dich nicht", erwiderte die Puppe. „Geh, wohin sie dich schicken, aber nimm mich mit dir. Du wirst nichts zu befürchten haben."

Vassilissa steckte die Puppe in ihre Tasche und ging gehorsam in den dichten Wald. Als sie auf ihrem Weg war, ließ ein plötzlich aufkommender Wind ihren ganzen Körper erschüttern.

Dann kam ein Reiter in vollem Galopp an ihr vorbei. Sein Gesicht war ganz weiß, und er war ganz in weiß gekleidet. Zu ihrer Überraschung wurde es hell.

Vassilissa setzte ihren Weg fort, als ein anderer Reiter an ihr vorüberkam. Das Gesicht des Mannes war rot, er war in rot gekleidet und saß auf einem roten Pferd. Zu ihrer Überraschung ging die Sonne auf.

Das Mädchen ging weiter und weiter, bis sie an die Lichtung kam, wo die kleine Hütte der alten Hexe stand. Die Hütte war von einem Zaun aus Menschenknochen umgeben. Und auf der Zaun saß in einer Reihe ein Schädel neben dem anderen. Auf der Tür sah sie einen Menschenknochen, der als Riegel diente, und an Stelle eines Schlosses gab es einen menschlichen Kiefer.

Vassilissa blieb stehen, denn sie war vor Furcht wie gelähmt. In diesem Moment kam ein dritter Reiter vorbei. Sein Gesicht war schwarz, er war ganz in schwarz gekleidet und ritt ein schwarzes Pferd. Er ritt bis zur Tür vor der Hütte der alten Hexe und verschwand so plötzlich, wie er gekommen war.

Dann wurde es Nacht, aber die Dunkelheit hielt nicht lange an, weil die Augenhöhlen der Schädel auf dem Zaun zu leuchten begannen.

Vassilissa war vor Schrecken wie angewurzelt. Sie wußte nicht, was zu tun war, und stand da wie eine Steinfigur.

Auf einmal ertönte ein schrecklicher Lärm im Wald, die Äste von den Bäumen schüttelten sich, und die

trockenen Blätter raschelten. Dann erschien die alte Hexe.

Als sie die Türschwelle erreichte, blieb sie stehen, schnüffelte in der Luft und rief: „Mmmm! Ich rieche ein Kind! Wo ist es?"

Vassilissa ging zu der Hexe, machte einen Knicks und sagte: „Ich bin es, gnädige Frau! Meine Schwestern schickten mich hierher. Ich soll nach Licht fragen, weil wir zu Hause keine Streichhölzer haben."

„Gut!" sagte die Hexe, „Ich kenne sie und gebe dir das Licht. Allerdings mußt du für mich zuerst eine Weile arbeiten."

Dann drehte sie sich zur Tür um und rief: „Meine kräftigen Bolzen, hebt euch; meine Tür, öffne dich!"

Die Tür öffnete sich, und die Hexe ging nach drinnen, während der Wind durch das Haus pfiff.

Als die Hexe ihr Zimmer erreichte, setzte sie sich an den Tisch und sagte zu Vassilissa: „Bediene mich mit allem, was sich auf dem Ofen befindet. Ich möchte mein Essen sofort bekommen!"

Vassilissa entzündete eine Kerze an einem leuchtenden Schädel auf dem Zaun. Dann nahm sie das Essen vom Ofen und servierte es der Hexe. Dann ging sie in den Keller, um Dunkelbier, helles Bier und Wasser zu holen. Es war genug für zehn Männer.

Die Hexe aß und trank alles auf. Das einzige, was sie

übrigließ, war ein Rest Kohlsuppe und ein Kanten Brot.

Dann ging sie zu Bett und sagte: „Während ich morgen weggehe, wirst du den Hof reinigen, die Zimmer wischen, das Abendessen vorbereiten und den Abwasch machen. Dann wirst du zum Schuppen gehen. Dort findest du einen Haufen Weizen, sammle die Käfer aus und werfe sie weg. Achte darauf, daß alles getan ist, bevor ich nach Hause komme, sonst ich fresse dich auf!"

Als sie mit ihrer Arbeitsordnung fertig war, schlief die Hexe ein und begann zu schnarchen.

Vassilissa gab den Rest des Essens der Puppe und sagte zu ihr unter Tränen: „Liebe Puppe, iß diese Nahrung und höre mir genau zu. Die alte Hexe gab mir so viel Arbeit auf, daß ich sie unmöglich schaffen kann. Sie wird mich fressen, wenn ich nicht alles in der vorgegebenen Zeit erledige."

Die Puppe erwiderte: „Fürchte dich nicht, schöne Vassilissa. Iß dein Abendbrot und geh schlafen. Morgen sieht der Tag anders aus."

Sehr früh am nächsten Morgen stand Vassilissa auf und schaute aus dem Fenster. Die Schädel hatten zu leuchten aufgehört. Dann kam der weiße Reiter vor ihr vorüber, und es wurde hell.

Die alte Hexe verließ pfeifend das Haus. Sofort erschienen ihr Mörser, Stößel und der Besen. Dann ritt der rote Reiter vorüber und die Sonne ging auf. Endlich setzte sich die Hexe in ihren Mörser und verschwand,

indem sie ihn mit dem Stößel lenkte und ihre Spuren mit dem Besen verwischte.

Vassilissa benutzte die Gelegenheit, um den Reichtum der Hexe zu bewundern. Sie fragte sich, welche Arbeit sie zuerst tun sollte, aber als sie wieder hinschaute, bemerkte sie, das die Arbeit schon getan war. Und das war nicht alles, die Puppe hatte alle Käfer aus dem Weizen gesammelt.

„Oh, du bist eine gute Hilfe", sagte Vassilissa, „Du hast mich gerettet!"

„Du brauchst nur das Abendessen vorzubereiten, und dafür ist reichlich Zeit", antwortete die Puppe, als sie wieder in die Tasche von Vassilissa zurückkletterte.

Am Abend deckte Vassilissa den Tisch und wartete darauf, daß die Hexe zurückkam. Als die Dämmerung einsetzte, erschien der schwarze Reiter vor der Tür, und sofort wurde es völlig dunkel. Nur die Augenhöhlen der Schädel leuchteten in der Nacht.

Plötzlich schüttelten sich die Bäume, und die Blätter begannen zu rascheln. Die alte Hexe kam zurück. Vassilissa ging, um sie zu empfangen.

„Ist alles getan?" fragte die Hexe.

„Überzeug dich selbst davon, gnädige Frau!" erwiderte das Mädchen.

Die Hexe schaute sich um. Sie war sehr ärgerlich, weil sie keinen Fehler entdecken konnte.

„Nun gut, Vassilissa!" sagte sie. „Dieses Mal hast du deine Arbeit getan."

Dann rief sie: „Meine glaubwürdigen Diener, ergebene Freunde, kommt und mahlt den Weizen!"

Aus dem Nichts erschienen drei Paar Hände, griffen den Weizen und nahmen ihn fort.

Wieder einmal aß die Hexe nach Herzenslust. Bevor sie zu Bett ging, sagte sie zu Vassilissa: „Morgen wirst du das Gleiche tun, was du heute getan hast. Zusätzlich mußt du auch noch den Haufen Mohn aus dem Schuppen nehmen und den Staub wischen."

Nachdem sie das gesagt hatte, drehte sie das Gesicht zur Wand und begann zu schnarchen.

Wie schon in der Nacht zuvor, so fragte Vassilissa ihre Puppe wieder um Rat.

Die Puppe antwortete: „Sei nicht traurig und geh schlafen. Morgen sieht der Tag ganz anders aus. Und du wirst sehen, daß alles getan wird."

Am nächsten Tag, als die Hexe gegangen war, teilten sich Vassilissa und ihre Puppe wieder alle Aufgaben.

Als die Hexe in jener Nacht zurückkam und alles anschaute, war sie wieder ärgerlich, denn sie konnte keinen Fehler finden.

Dann rief sie: „Meine glaubwürdigen Diener, ergebene Freunde, preßt das Öl aus dem Mohn."

Aus der Luft erschienen auf Befehl drei Paar Hände,

sammelten den Mohn ein und brachten ihn fort. Dann aß die Hexe ihr Abendessen, während Vassilissa ruhig vor ihr stand.

„Warum sprichst du nicht?" fragte die Hexe. „Hast du die Sprache verloren?"

„Wenn du mir erlaubst, würde ich dich etwas fragen", sagte Vassilissa.

„Aha! Frag, wenn du magst. Aber du solltest wissen, daß nicht jede Frage zu einer guten Antwort führt!" plapperte die Hexe. „Denk daran, wenn du viel weißt, wirst du bald alt."

„Ich würde dir gerne drei Fragen stellen", sagte Vassilissa. „Auf dem Weg zu deiner Hütte traf ich auf einen Reiter mit einem weißen Gesicht. Er war ganz in weiß gekleidet und saß auf einem weißen Pferd. Wer ist dieser Mann?"

„Er ist mein Tageslicht", erwiderte die Hexe.

„Dann sah ich einen anderen Reiter, der ein rotes Gesicht hatte", fuhr das Mädchen fort. „Er war in rot gekleidet und ritt ein rotes Pferd. Wer ist er?"

„Er ist meine schöne Sonne", antwortete die Hexe.

„Und der schwarze Reiter, den ich neben der Tür sah?" fragte das Mädchen.

„Er ist meine dunkle Nacht", sagte die Hexe.

Vassilissa erinnerte sich an die drei Paar Hände, aber fragte nichts weiter.

„Keine weiteren Fragen?" fragte die Hexe.

„Für jetzt weiß ich genug", erwiderte das Mädchen.

„Du sagtest, daß dich viel Wissen schnell altern läßt."

„Das ist wahr", sagte die Hexe. „Ich mag es nicht, meine Geheimnisse der Welt zu offenbaren. Aber nun möchte ich dir eine Frage stellen. Wie hast du es geschafft, alle Arbeit zu beenden, die ich dir gab?"

„Der Segen meiner Mutter hat mir geholfen", antwortete Vassilissa ehrlich.

„Aha! Das ist also der Grund!" rief die Hexe. „Dann mußt du dieses Haus sofort verlassen, gesegnetes Mädchen. Ich mag keine gesegneten Mädchen!"

Sie griff Vassilissas Handgelenk, zerrte sie aus dem Zimmer und stieß sie nach draußen.

Dann nahm sie einen Schädel mit den leuchtenden Augenhöhlen vom Zaun, setzte ihn auf einen Stock und gab ihn Vassilissa.

„Nimm dies, es ist das Licht für deine Schwestern", sagte sie. „Nimm es nach Hause."

Sofort rannte Vassilissa los, und das Licht des Schädels zeigte ihr den Weg.

Nach einer langen Reise kam sie wieder zu Hause an. Als sie in das Haus ging, sagte der Schädel: „Werf mich nicht fort, nimm mich zu der Frau!"

Zum ersten Mal war Vassilissa im Haus willkommen. Seid sie gegangen war, lebten die Frau und ihre Töchter im Dunkeln. Sie waren nicht in der Lage gewesen, ein einziges Streichholz anzuzünden. Und das Licht, das sie von den Nachbarn bekamen, ging aus, sobald sie das Zimmer betraten.

„Vielleicht geht dein Licht nicht aus", riefen sie, und griffen ihren Stock.

Dann trugen sie den Schädel in das Zimmer, aber die leuchtenden Augenhöhlen starrten die drei Frauen an. Es tat nichts zur Sache, wo sie sich verstecken wollten. Immer schien es, als ob der gespenstische Blick ihnen folgte.

Am Morgen waren sie alle zu Asche verbrannt, nur Vassilissa überlebte.

Am nächsten Tag begrub Vassilissa den Schädel, verschloß das Haus und ging in die Stadt, um Arbeit zu suchen. Eine alte Frau bat sie um Gesellschaft. So blieb sie dort und wartete auf die Rückkehr ihres Vaters.

Eines Tages sagte sie zur alten Frau: „Ich langweile mich sehr. Ich bin den ganzen Tag über im Haus, ohne etwas zu tun. Bitte, kauf mir etwas Flachs, dann kann ich die Zeit mit Spinnen verbringen."

Die alte Frau kaufte ihr etwas Flachs, und Vassilissa begann zu spinnen. Sie arbeitete so gut, daß der Faden so glatt und fein wie ein Haar wurde.

Als sie nun eine große Menge an Faden versponnen hatte, wollte Vassilissa mit Weben beginnen. Die Puppe gab Vassilissa einen prächtigen Webstuhl, der dazu geeignet war, solch feinen Faden zu weben. Am Ende des Winters war der Stoff fertiggewebt. Er war so fein, daß er durch ein Nadelöhr gefädelt werden konnte.

Im Frühling bleichte sie das Leinen und sagte zu der alten Frau: „Bitte, verkauf diesen Stoff und behalte das Geld, was immer du auch dafür bekommst."

„Aber mein Kind!", seufzte die Dame, „nur der König ist wert, einen solchen Stoff zu besitzen! Ich bringe ihn zum Palast."

„Was gibt es, liebe Frau?" fragte der König, als er sie sah.

„Euer Wohlhochgeboren!", antwortete sie, „Vergib mir, aber ich bringe euch etwas Wunderbares, und will es gleich vorstellen."

Als der König den Stoff sah, war er völlig verwundert. „Was möchtest du dafür haben?" fragte er.

„Euer Wohlhochgeboren! Dieser Stoff ist unbezahlbar", erwiderte die Dame. „Ich bringe ihn als Geschenk."

Der König bedankte sich bei ihr und überhäufte sie mit reichen Geschenken.

„Ich möchte gerne Hemden aus diesem Stoff anfertigen lassen", erklärte der König. „Aber wer kann solch einen feinen Stoff nähen?"

Der König ließ im ganzen Land nach einer Näherin suchen, aber alles war umsonst. Dann sandte er nach der alten Dame.

„Wenn du in der Lage warst, diesen Stoff zu spinnen und zu weben, solltest du auch in der Lage sein, ihn zu nähen", sagte er.

„Diesen Stoff habe ich nicht angefertigt", erwiderte sie. „Es war ein junges Mädchen, das ihn hergestellt hat."

„Gut! Es soll die Hemden nähen", ordnete der König an.

Dann ging die alte Dame nach Hause und erzählte Vassilissa die ganze Geschichte. Sofort schloß diese sich in ihr Zimmer ein und arbeitete Tag und Nacht.

Bald waren ein Dutzend Hemden fertiggestellt, und die gute Dame nahm sie zum König.

Es dauerte nicht lange, als ein Diener des Königs vor Vassilissas Tür stand und sagte: „Seine Majestät möchte mit seinen eigenen Augen das Mädchen sehen, das ihm

seine Hemden genäht hat. Er möchte sie dafür persönlich belohnen."

Vassilissa ging zum Palast und stellte sich dem König vor. Sobald er sie sah, verliebte er sich Hals über Kopf in sie.

Er nahm die weiße Hand der schönen Vassilissa, und setzte Vassilissa neben sich auf den Thron. Noch am gleichen Tag verlobten sie sich, um bald zu heiraten.

Bald danach kam ihr Vater von seiner langen Reise zurück. Er war über das Geschick seiner Tochter erfreut und wohnte bei ihr. Vassilissa hieß auch die alte Dame, die ihr ein Dach über dem Kopf gegeben hatte, im Palast willkommen. Es war klar, das auch die liebe Puppe für immer an ihrer Seite blieb.

Die Sieben-Meilen-Stiefel

Es waren einmal ein Holzfäller und seine Frau, die hatten sieben Kinder, alle waren Jungen. Der älteste war nur zehn und der jüngste sieben. Jeder war davon überrascht, daß sie so viele Kinder in nur so kurzer Zeit hatten. Das war aber nur, weil seine Frau immer Zwillinge zur Welt brachte, mit Ausnahme des Erstgeborenen.

Das Ehepaar war sehr arm, und sieben Kinder waren für sie eine große Belastung, weil noch keines der Kinder seinen eigenen Lebensunterhalt bestreiten konnte. Der jüngste war außerordentlich zierlich und sagte kaum ein Wort. Das machte sie sehr unglücklich.

Sie dachten, er sei dumm. Aber in Wirklichkeit war er sehr klug. Auch war er sehr klein. Als er zur Welt kam, war er nicht größer als ein Daumen. Das war auch der Grund, warum er Daumesdick genannt wurde.

Es schien der Familie, als ob alles, was das arme Kind tat, falsch war. Er war der schönste und feinfühligste unter seinen Brüdern. Und obwohl er nur selten sprach, hörte er immer interessiert zu.

Dann kam ein sehr schweres Jahr, als das Land von einer Hungersnot erschüttert wurde. Die armen Leute hatten die Entscheidung zu treffen, wie sie ihre Kinder loswerden konnten.

Eines Abends, als die Kinder schon im Bett waren, saßen der Holzfäller und seine Frau im Schein des Kaminfeuers und unterhielten sich.

Sein Herz war durch den Kummer gebrochen, und er sagte zu ihr: „Ich kann es nicht mehr länger ansehen, wie unsere Kinder hungern. Deshalb habe ich mich entschlossen, sie morgen im Wald auszusetzen. Sie werden Holz sammeln, und wir gehen währenddessen fort und sehen sie nicht wieder."

„Oh!" rief seine Frau, „wie kannst du wirklich nur so grausam sein und deine Kinder aussetzen?"

Ihr Mann erklärte ihr, wie arm sie waren. Doch sie konnte dem Plan nicht zustimmen. Sie betrachtete noch einmal sorgfältig, wieviel Kummer es kosten würde, sie

alle vor ihren Augen verhungern zu sehen. Dann war sie schließlich überredet und ging weinend zu Bett.

Daumesdick hatte alles mit angehört, denn er war leise aufgestanden und unter den Treppenaufgang geschlüpft. Von dort aus konnte er sie hören, ohne gesehen zu werden. Dann ging er wieder zurück ins Bett, konnte aber für den Rest der Nacht nicht schlafen. Er dachte darüber nach, was er tun konnte.

Am nächsten Morgen stand er sehr früh auf, ging ans Flußufer und steckte kleine, weiße Steine in seine Taschen. Dann kehrte er wieder nach Hause zurück.

Als die Familie später das Haus verließ, behielt Daumesdick sein Geheimnis für sich. Bald waren sie in einem dunklen Wald, wo es unmöglich war, sich noch auf zehn Schritte zu sehen.

Der Holzfäller begann damit, Bäume zu fällen, während die Kinder Zweige sammelten und Bündel daraus machten. Als ihre Eltern sie hart arbeiten sahen, entfernten sie sich allmählich. Dann gingen sie einen kleinen Pfad entlang und kehrten auf einem anderen Weg nach Hause zurück.

Als die Kinder bemerkten, daß sie alleine waren, begannen sie, nach ihren Eltern zu rufen. Einige fingen zu weinen an.

Daumesdick beruhigte sie, denn er wußte nur zu gut, wie sie wieder nach Hause zurückkehren konnten. Als

sie nämlich in den Wald gegangen waren, hatte er den Weg dadurch markiert, daß er die kleinen, weißen Steine aus seinen Taschen fallenließ.

„Fürchtet euch nicht, meine Brüder", sagte er. „Unser Vater und unsere Mutter haben uns zurückgelassen, aber ich bringe euch wieder nach Hause zurück. Folgt mir nur."

Sie folgten ihm, und er führte sie auf dem Pfad zurück, auf dem sie am Morgen in den Wald gegangen waren.

Zuerst fürchteten sie sich, in das Haus zu gehen. Deshalb hielten sie erst einmal ihre Ohren an die Tür, um zu hören, worüber sich ihr Vater und ihre Mutter unterhielten.

Als der Holzfäller und seine Frau nach Hause zurückgekehrt waren, fanden sie zehn Goldstücke vor, die ihnen der Bürgermeister der Stadt zugesandt hatte. Er hatte ihnen dieses Geld schon lange Zeit geschuldet, und sie dachten, daß sie es nie wieder zurückbekommen würden.

Es gab ihnen neue Hoffnung, denn das arme Ehepaar war wirklich am Hungern.

Der Holzfäller sandte seine Frau sofort zum Fleischer. Und weil sie schon lange Zeit nichts mehr gegessen hatten, kaufte die Frau das Dreifache an Fleisch, das beide brauchten, um satt zu werden.

Als sie zur Genüge gegessen hatten, sagte sie: „Ach, mein Liebling! Wo sind jetzt nur unsere armen Kinder? Sie hätten heute Nacht eine gute Mahlzeit bekommen. Ich sagte dir doch, daß wir es bedauern würden, sie zu verlieren! Was machen sie jetzt nur da draußen im Wald? Ach du meine Güte! Vielleicht sind sie schon von Wölfen gefressen worden! Du bist ja so grausam, deine Kinder auf diese Weise ausgesetzt zu haben."

Als sie davon weitererzählte, verlor der Holzfäller seine Geduld. Denn er war genauso bestürzt, wie seine

Frau. Aber er mochte es nicht, wenn ihm eine Person wiederholt erzählte: „Ich sagte dir doch…!", wie es seine Frau tat.

Seine Frau brach in Tränen aus und rief: „Ach! Wo mögen jetzt nur meine Kinder sein, meine armen Kinder?"

Sie rief diese Worte so laut, daß sie die Kinder an der Tür hören konnten. Und sie riefen alle gemeinsam: „Wir sind hier! Wir sind hier!"

Sie beeilte sich, die Tür zu öffnen und hieß sie mit offenen Armen willkommen.

„Ich bin ja so froh, euch zu sehen, ihr lieben Kinder!" rief sie. „Ihr müßt ja alle sehr müde und hungrig sein. Und schaut, wie schmutzig ihr alle seid. Peter, komm her, damit ich dir dein Gesicht waschen kann."

Peter war ihr ältester Sohn, den sie am meisten liebte, weil er rothaarig war und nach seiner Mutter ging.

Dann setzten sie sich um den Tisch und aßen mit gesundem Appetit, was dem Vater und der Mutter gefiel. Während sie aßen, erzählten sie ihren Eltern, wie sehr sie sich im Wald gefürchtet hatten. Alle sprachen die meiste Zeit auf einmal.

Der Holzfäller und seine Frau waren erfreut, daß sie ihre Kinder wieder zu Hause hatten. Aber ihr Glück dauerte leider nur solange an, wie die zehn Goldstücke reichten. Als das ganze Geld verbraucht war, fanden sie sich in derselben hoffnungslosen Situation, wie zuvor.

So entschieden sie sich, daß sie keine andere Möglichkeit hatten, als ihre Kinder wieder auszusetzen. Sie planten diesmal, ihre Kinder noch tiefer als beim ersten Mal in den Wald zu nehmen.

Obwohl sich die Eltern sehr leise unterhielten, hörte Daumesdick wieder ihren Plan mit.

Er dachte, daß er kein Problem damit haben würde, das Gleiche zu tun, was er schon zuvor getan hatte. Als er aber am nächsten Morgen in aller Frühe aufstand, um die Steine einzusammeln, war die Haustür verschlossen.

Zuerst wußte Daumesdick nicht, was er tun konnte. Seine Mutter gab jedem ein Stück Brot zum Frühstück. So dachte er, das Brot an Stelle der Steine benutzen zu können. Er würde das Brot zerkrümeln und die Brotkrumen den Pfad entlang fallen lassen. Deshalb versteckte er sie in seiner Tasche.

Wieder einmal machte sich die Familie auf den Weg. Ihre Eltern nahmen die sieben Jungen zum dichtesten und dunkelsten Platz des Waldes. Sobald sie dort angekommen waren, hatten sie gleich einen Vorwand, die Jungen hinter sich zu lassen.

Daumesdick war nicht allzu traurig, da er dachte, den Heimweg wieder leicht zu finden. Und das aufgrund der Brotkrumen, die er gestreut hatte. Als er aber nach den Krumen schaute, konnte er keinen einzigen finden, die Vögel hatten sie alle aufgepickt.

Diesmal waren die Kinder in einer ausweglosen Situation. Je weiter sie gingen, desto mehr verirrten sie sich, und desto tiefer gingen sie in den Wald. Es wurde dunkel, ein strenger Wind blies, und sie fingen an, sich schrecklich zu fürchten. Sie dachten, daß sie Wölfe heulen hörten und fürchteten, diese könnten sie angreifen und fressen. Sie trauten sich kaum, zu sprechen oder sich zu bewegen.

Dann begann es, heftig zu regnen, und sie waren alle bis auf die Haut durchnäßt. Bei jedem Schritt rutschten sie aus und fielen in Pfützen. Als sie sich wieder aufrafften, waren sie völlig mit Schlamm bedeckt.

Daumesdick kletterte auf einen Baum, um zu sehen, ob er etwas entdecken würde, was ihnen helfen könnte. Als er seinen Kopf in alle Richtungen drehte, sah er plötzlich einen kleinen Lichtschein, der wie der Schein einer Kerze aussah. Aber es schien, als ob er weit entfernt und jenseits des Waldes war.

Er glitt den Baum hinunter. Als er den Boden erreichte, konnte er nichts mehr erkennen. Nachdem er und seine Brüder eine Weile in der vermuteten Richtung gingen, sah er plötzlich wieder das Licht, und sie kamen an den Rand des Waldes.

Endlich kamen sie an das Haus mit dem Kerzenschein. Sie klopften an die Tür, und eine Frau öffnete ihnen. Daumesdick erzählte ihr, daß sie arme

Kinder waren und sich im Wald verlaufen hatten. Dann fragte er sie, ob sie hier die Nacht umsonst verbringen könnten, denn sie hatten kein Geld.

Als sie sah, wie traurig und stattlich sie alle waren, fing sie zu weinen an und sagte: „Ach! Meine armen Kinder, wo kommt ihr nur her? Wißt ihr nicht, daß dies das Haus eines Menschenfressers ist, der kleine Kinder frißt?"

„Oh, gnädige Frau, was sollen wir denn tun?" seufzte Daumesdick, der wie seine Brüder vor Furcht zitterte. „Die Wölfe im Wald fressen uns heute Nacht, wenn du uns keine Unterkunft gibst. Und sollen wir schon gefressen werden, dann lieber vom Herrn dieses Hauses als von den Wölfen. Vielleicht hat er Mitleid mit uns, wenn du bereit bist, für uns zu sprechen."

Die Frau des Menschenfressers dachte, daß sie in der Lage sein könnte, sie vor ihrem Mann bis zum nächsten Morgen zu verbergen. Damit ließ sie die sieben Brüder hinein und nahm sie ans Kaminfeuer, um sie aufzuwärmen. Es war sehr heiß. Es war auch ein ganzes Schaf aufgespießt und für das Abendessen des Menschenfressers geröstet.

Als sie sich gerade aufwärmten, hörten sie drei- oder viermal ein lautes Klopfen an der Tür: der Menschenfresser war zurück.

Schnell versteckte die Frau die Kinder unter dem Bett

und ging, um die Tür zu öffnen. Das erste, wonach der Menschenfresser fragte, war, ob das Abendessen fertig und die Flasche Wein geöffnet war. Sofort setzte er sich an den Tisch.

Plötzlich begann er, herumzuschnüffeln, erst zur Linken, dann zur Rechten. Dann sagte er, daß er lebendiges Fleisch riechen würde.

„Es muß wohl der Kalbsbraten sein, den ich dir gerade zubereitet habe, und den du riechst!" sagte seine Frau.

„Ich sage dir, ich rieche lebendiges Fleisch", rief der Menschenfresser und gab seiner Frau einen mißtrauischen Blick. „Hier geht etwas nicht mit rechten Dingen zu, denke ich."

Nachdem er dieses gesagt hatte, stand er vom Tisch auf und ging geradewegs zum Bett. Dann erkannte er, was seine empfindliche Nase gerochen hatte.

„Aha! So versuchst du mich zu täuschen, du jämmerliche Frau!" rief er. „Ich sollte dich auch fressen, du alte, dumme Frau. Diese Kaninchen kommen mir gerade recht, um meine Menschenfresserfreunde zu unterhalten, die mich besuchen wollen."

Einen nach dem anderen zog er die Jungen unter dem Bett hervor. Die armen Kinder fielen auf ihre Knie und flehten um Gnade. Sie befanden sich aber in der Hand des unbarmherzigsten Menschenfressers, den es gab, und der sie in seiner Vorstellung schon fraß.

Dann erzählte er seiner Frau, daß die Jungen einen schmackhaften Eintopf hergeben würden, in einer guten Suppe gekocht.

Er griff ein großes Messer und schärfte es an einem Stein. Dann näherte er sich den erschrockenen Kindern.

Er hatte sich gerade eines gegriffen, als seine Frau zu ihm sagte: „Warum willst du das zu diesem Zeitpunkt machen? Du hattest ein gutes Abendessen. Warum tust du das nicht morgen früh?"

„Sei still!" rief der Menschenfresser, „sie sind jetzt viel saftiger."

„Aber du hast doch genug zu Essen hier", sagte seine

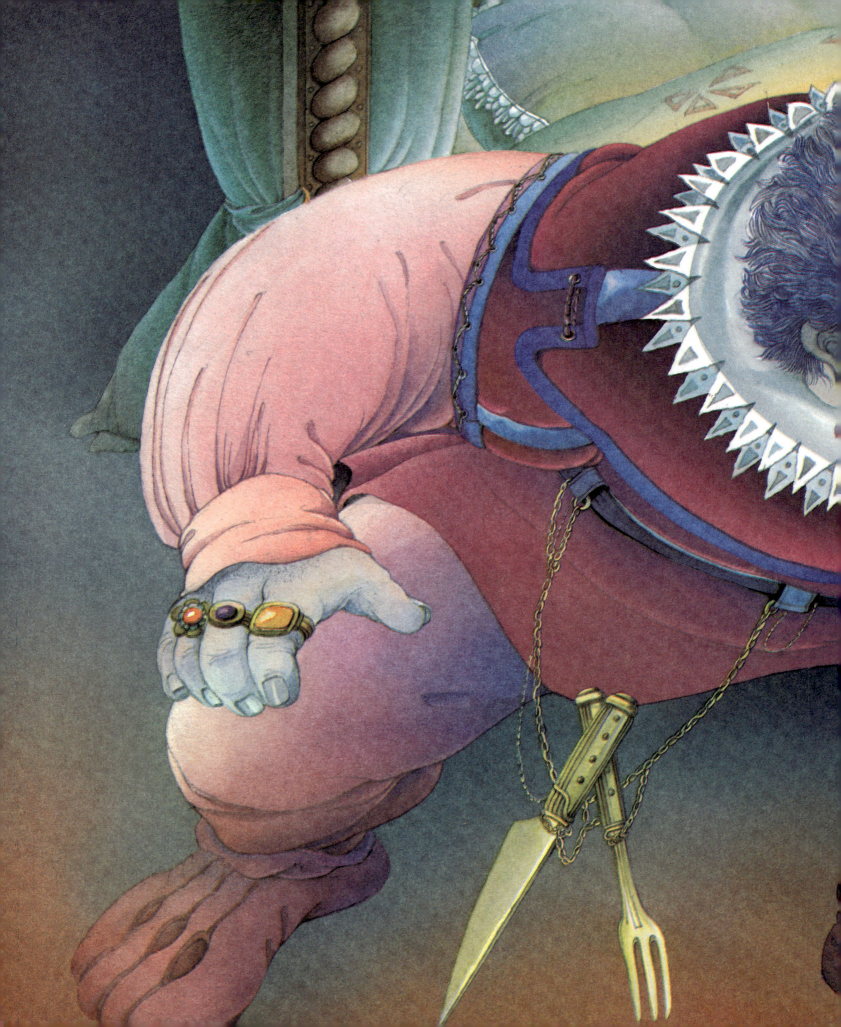

Frau. „Schau her, dieses Kalb hier, zwei Schafe und ein halbes Schwein!"

„Du hast recht", stimmte der Menschenfresser zu. „Gib ihnen ein gutes Essen, damit sie nicht dünn werden, und bring sie zu Bett."

Die freundliche Frau war darüber erfreut und kochte den Kindern ein gutes Abendessen. Sie waren aber so erschrocken, daß sie keinen Bissen hinunterbringen konnten.

Der Menschenfresser war so erfreut darüber, daß er seinen Freunden eine solche Delikatesse anbieten konnte. Seine Freude war so groß, daß er ein Dutzend Flaschen Wein trank. Das machte ihn so benommen, daß er zu Bett gehen mußte.

Der Menschenfresser hatte sieben junge Töchter. Diese kleinen Menschenfresser waren alle sehr stark und hatten rote Hautfarbe, weil sie wie ihr Vater frisches Fleisch fraßen. Sie hatten kleine, runde und graue Augen, Hakennasen und große Mäuler mit langen Zähnen, die sehr scharf waren und große Zwischenräume hatten.

Sie waren jetzt noch nicht so unbarmherzig wie ihr Vater, begannen aber, in seine Fußstapfen zu treten, weil sie es schon liebten, kleine Kinder zu beißen.

Sie wurden früh zu Bett geschickt. Alle sieben schliefen in einem großen Bett, und jede trug eine goldene Krone auf dem Kopf.

Im selben Zimmer stand ein zweites Bett gleicher Größe. Die Frau vom Menschenfresser steckte die sieben kleinen Jungen in dieses Bett. Danach ging auch sie zu Bett, neben ihrem Mann.

Daumesdick befürchtete, der Menschenfresser könnte es bedauern, ihre Kehlen an jenem Abend nicht durchgeschnitten zu haben. Er könnte aufwachen und es noch vor Morgengrauen nachholen. Als er nun das Schnarchen des Menschenfressers hörte, stand Daumesdick auf und nahm die Mützen seiner Brüder. Dann schlich er sich zu den sieben Töchtern des Menschenfressers, nahm ihre Kronen und setzte die Mützen auf ihre Köpfe. Als er zu dem großen Bett mit seinen Brüdern zurückkehrte, setzte er die Kronen auf die Köpfe seiner Brüder und seinen eigenen.

Es geschah genauso, wie es Daumesdick befürchtet hatte. Der Menschenfresser wachte zu Mitternacht auf und bereute es, die Burschen am Abend zuvor nicht geschlachtet zu haben. So sprang er aus seinem Bett und griff nach seinem großen Messer.

„Laß uns sehen, wie es unsern kleinen Dummköpfen geht", sprach er zu sich.

Ohne eine Kerze anzuzünden, tastete er sich in der Dunkelheit in das Zimmer seiner Töchter und näherte sich dem Bett, in dem die kleinen Jungen schliefen. Sie schliefen alle sehr tief, außer Daumesdick, der sich sehr

fürchtete, als er die Hand des Menschenfressers über seinem Kopf spürte.

Der Menschenfresser fühlte die sieben goldenen Kronen. „Du meine Güte", sagte er, „das mach nur nicht. Das ist das Bett mit meinen Töchtern."

„Aha! Hier sind sie", sagte er. „Unsere munteren Burschen! Nun laß uns die Arbeit richtig machen."

Und nachdem er das gesagt hatte, schnitt er seinen sieben Töchtern die Kehlen durch und dachte, es wären die Jungen. Dann war er glücklich, das er die Arbeit getan hatte und ging ins Bett zurück.

Sobald Daumesdick den Menschenfresser wieder schnarchen hörte, weckte er seine Brüder. Er befahl ihnen, sich sofort anzuziehen und ihm zu folgen.

Die Jungen schlichen sich leise aus dem Haus und kletterten über die Gartenmauer. Dann rannten sie durch die Nacht. Dabei strauchelten sie immer wieder vor Angst und wußten nicht, welchen Weg sie gehen sollten.

Als der Menschenfresser am nächsten Morgen aufwachte, sagte er zu seiner Frau: „Geh nach oben und bereite diese kleinen Dummköpfe, die gestern hierherkamen, vor."

Seine Frau war über die Freundlichkeit ihres Mannes völlig überrascht. Nicht für eine Minute vermutete sie, daß er das Vorbereiten zum Essen meinte.

Als sie nach oben ging, erwartete sie ein schrecklicher Anblick. Sie war entsetzt, als sie ihre sieben Töchter mit

durchgeschnittenen Kehlen sah und wurde sofort ohnmächtig, und das, obwohl auch sie eine Menschenfresserin war!

Der Menschenfresser wunderte sich, warum seine Frau so lange brauchte, um die Arbeit zu tun, die er ihr aufgetragen hatte. So ging er ebenfalls nach oben und war nicht weniger entsetzt als seine Frau, obwohl er von dem fürchterlichen Anblick nicht gerade in Ohnmacht fiel.

„Ach! Was habe ich nur getan?" rief er. „Diese sieben Halunken werden dafür bezahlen, jetzt gleich!"

Erst brachte er seine Frau wieder zum Bewußtsein, dann schrie er: „Schnell! Gib mir meine Sieben-Meilen-Stiefel, damit ich diese Halunken einholen kann!"

Dann zog er sich seine Wunderstiefel an, mit denen er sieben Meilen mit einem Schritt gehen konnte, und durchsuchte das ganze Land nach den Jungen. Nachdem er weite Entfernungen in allen Richtungen gelaufen war, kam er endlich zu dem Pfad, auf dem sie liefen. Diese waren keine hundert Schritte mehr von ihrem Vaterhaus entfernt.

Zu ihrem Schrecken sahen sie den Menschenfresser von Berggipfel zu Berggipfel springen und Flüsse mit Leichtigkeit überqueren, als ob es kleine Bäche wären.

Daumesdick versteckte seine Brüder in einer nahen Felshöhle und versteckte sich dann selbst. Er steckte nur

seinen Kopf hervor, um den Menschenfresser zu beobachten.

Der Menschenfresser war vom vielen Reisen sehr müde, ungeachtet der Sieben-Meilen-Stiefel (das Tragen dieser Stiefel machte unglaublich müde). So wollte er sich ausruhen und setzte sich auf dem Felsen hin, in welchem sich die Jungen versteckten.

Nachdem er dort für eine Weile gesessen hatte, begann er so fürchterlich zu schnarchen, daß die armen Kinder sich wieder einmal fürchteten. Daumesdick seinen Brüdern, sie sollten, so schnell sie konnten, nach Hause rennen, während der Menschenfresser noch fest schlief.

Sie taten, wie er ihnen sagte und erreichten das Zuhause sehr kurze Zeit später!

Dann schlich sich Daumesdick zum Menschenfresser, nahm ihm vorsichtig die Sieben-Meilen-Stiefel ab und zog sie sich selbst an. Die Stiefel waren lang und weit. Aber weil sie verzaubert waren, waren sie fähig, größer oder kleiner zu werden, um der Person zu passen, die sie trug. Als sie Daumesdick anzog, paßten sie über seine Beine und seine Füße, als ob sie für ihn angefertigt waren.

Der kleine Kerl ging geradewegs zurück zum Haus des Menschenfressers, wo er seine Frau fand, die noch immer über den Tod ihrer sieben Töchter weinte.

„Dein Mann ist in großer Gefahr", sagte Daumesdick. „Eine Räuberbande hat ihn gefangengenommen und droht, ihn zu töten, wenn er nicht sein Gold und Geld übergibt.

In diesem Moment halten sie das Messer an seine Kehle. Er sah mich und flehte mich an, dir von seiner Not zu erzählen. Er teilte mir mit, dir auszurichten, daß du mir sein ganzes Vermögen ausnahmslos geben sollst. Andernfalls würden sie ihn töten. Schau hier! Ich habe seine Sieben-Meilen-Stiefel, die das beweisen, was ich dir sage."

Ohne auch nur eine Sekunde zu zögern, gab die Frau Daumesdick das ganze Vermögen. Denn mit Ausnahme seiner Gewohnheit, kleine Kinder zu fressen, liebte sie

ihren Menschenfresser, der ein sehr guter Mann zu ihr war.

Beladen mit allen Schätzen des Menschenfressers, kehrte Daumesdick zu seinem Vaterhaus zurück, wo er mit großer Freude willkommen geheißen wurde. Die Familie mußte nie wieder hungern.

Und was geschah mit dem Menschenfresser und seiner Frau? Nun, Daumesdick sah sie nie wieder. Und das war vielleicht ganz gut so!